Konrad Lorenz
Das Jahr der Graugans

Konrad Lorenz

Das Jahr der Graugans

Photos von Sybille und Klaus Kalas

R. Piper & Co. Verlag München Zürich

ISBN 3-492-02471-8

Die Originalausgabe des Werkes erschien bei
Éditions Stock, Paris 1978,
unter dem Titel: L'année de l'oie cendrée.
Printed in Germany

Vorwort

Dieses Buch ist kein wissenschaftliches. Wollte ich sagen, es sei nur aus der Freude an der Beobachtung lebender Tiere entstanden, so wäre das zwar durchaus richtig, aber keineswegs nur für dieses Buch kennzeichnend, denn alle meine wissenschaftlichen Arbeiten sind im Grunde genommen derselben Freude entsprossen. Nur die unmittelbare, von jeder Hypothese freie Beobachtung ist imstande, dem Wissenschaftler Neues und Unerwartetes zu offenbaren.

Die Frage, die der Experimentator im Labor an die Natur stellt, hat immer schon zur Voraussetzung, daß er eine Vermutung hegt, die er bestätigt oder widerlegt wissen will. Diese Vermutung aber stammt stets aus einer vorhergehenden Beobachtung, mit anderen Worten, aus jenen nicht-rationalen kognitiven Leistungen unserer Sinnesorgane und unseres Nervensystems, die aus Sinnesdaten *Wahrnehmungen* formen. Es bedeutet eine gewaltige Überschätzung der menschlichen Ratio, wenn sich ein Wissenschaftler einbildet, er wisse und kenne alle Fragen, die man an die Natur stellen kann. Wenn ein Forscher sich die Frage ausdenkt, während er, in sein Laboratorium gebannt, seiner Arbeit ohne Kontakt mit der unabsehbaren Reichhaltigkeit der lebenden Natur obliegt, so kann es allzuleicht geschehen, daß seine Frage an dem wirklich Wesentlichen vorbeigeht und nur Irrelevantes zutage fördert. So werden dann Untersuchungen angestellt, die trotz größtem Scharfsinn und trotz bester methodischer Berücksichtigung aller Einzelheiten keineswegs das Lebenswichtige betreffen. Der Forscher aber, der sich ganz eben dieser Untersuchung widmet, kann dies unmöglich einsehen.

Wenn ich auf einer Kiesbank des Almflusses mit meinen Gänsen sitze oder daheim in Altenberg vor meinem großen Aquarium mit tropischen Meeresfischen, vergehen kaum ein paar Stunden, in denen ich nicht irgend etwas mir völlig Unerwartetes zu sehen bekomme, etwas, wofür ich keine Erklärung habe und was vor allem *neue Fragen* aufwirft, die weitere Beobachtungen und sehr häufig auch experimentelle Untersuchung fordern. Wir experimentieren nicht weniger als die Anhänger anderer Schulen der Verhaltensforschung, aber wir untersuchen nur solche Fragen, die uns bei der Beobachtung von Tieren und möglichst in ihrer natürlichen Umwelt gestellt werden.

Die reine, einfache Beobachtung ist also die Basis jener Forschung, die wir als *ethologisch* bezeichnen. So wie die *Beschreibung* körperlicher Formen die Grundlage der vergleichenden Morphologie und Anatomie ist, so ist das beschreibende Erfassen von Verhaltensweisen diejenige der vergleichenden Verhaltensforschung oder *Ethologie*. Bei jeder beschreibenden Forschung, ob sie sich nun mit der räumlichen Gestalt organischer Körper oder mit der Zeitgestalt der Bewegungen eines Organismus befaßt, spielt die Leistung unserer Wahrnehmung eine wichtige Rolle. Diese Leistung ist ein echter kognitiver Vorgang und liegt allen unseren Erkenntnissen zugrunde, aber weil sie sich in unbewußten und nicht der Selbstbeobachtung zugänglichen Schichten unseres Seins abspielt, *mißtrauen* ihr allzu rationalistisch denkende Forscher und wollen es nicht wahrhaben, daß auch ihre eigene Hypothesenbildung von ihr bestimmt wird. Die Frage, die im Experiment untersucht wird, ist auch bei den »exaktesten« aller Experimentatoren von der Wahrnehmung gestellt.

Die heute so weit verbreitete Verachtung aller deskriptiven Wissenschaften erklärt sich aus einer beinahe zur Religion gewordenen Verleugnung der Wahrnehmung als Quelle wissenschaftlicher Erkenntnis.

Möglicherweise ist die Wahrnehmung so manchen Wissenschaftlern, die ihre Forschung um jeden Preis »wertfrei« halten wollen, schon deshalb verdächtig, weil mit ihr untrennbar die Empfindung des Schönen einhergeht. Es ist ein verderblicher, aber leider verbreiteter Irrtum, zu glauben, daß nur dasjenige »wissenschaftlich« sein könne, was grau und langweilig ist. Unter den Biologen, die wirklich Großes geleistet haben, finden sich nur ganz wenige, die *nicht* dadurch zu dem Objekt ihrer Lebensarbeit geführt wurden, daß sie von seiner Schönheit in Bann geschlagen worden waren. Unter den Ethologen, so möchte ich behaupten, gibt es überhaupt keinen, bei dem dies nicht der Fall war! Eine besondere Begabung zur Beobachtung ist mit derjenigen zur Wahrnehmung geradezu identisch und daher von einer intensiven Empfänglichkeit für die Schönheit der lebendigen Wesen gar nicht zu trennen.

Es ist die allem Lebendigen innewohnende Harmonie, die uns anzieht. Es wäre durchaus unwissenschaftlich, ja geradezu verlogen, wenn wir dies leugnen wollten. Unsere streng objektive Beschreibung oder Abbildung eines Tieres oder einer Pflanze würde von der

Wahrheit in einem entscheidenden Punkte abweichen, wenn sie die Schönheit des Lebewesens nicht wiedergeben würde. Gewiß, wenn wir die Form eines Knochens, einer Fischflosse oder eines Vogelflügels beschreiben oder abbilden, ist es nicht unser Ziel, die Schönheit dieses Gebildes zum Ausdruck zu bringen; wir dürfen nicht etwa, weil unser rein künstlerisches Schönheitsempfinden uns dazu verleiten will, auch nur im geringsten von der Wirklichkeit abweichen. Auf der anderen Seite würde unsere Darstellung dieser Wirklichkeit nicht ganz entsprechen, wenn deren Schönheit in ihr nicht ebenfalls zum Ausdruck käme.

Die Schönheit des Organischen tritt ja auch in seiner objektivsten Darstellung überzeugend hervor; in der Darstellung, die nicht von der untrennbar mit Gefühlen verwobenen menschlichen Wahrnehmung gezeichnet wird, sondern von einem nachweislich seelenlosen technischen Gebilde, das schon durch seinen Namen für Objektivität zu bürgen scheint, vom Objektiv der Kamera! Bei den beiden anderen großen optischen Instrumenten, beim Mikroskop und beim astronomischen Fernrohr, kommen die Lichtstrahlen, in denen das Bild enthalten ist, am anderen Ende wieder heraus durch das sogenannte Okular, das so heißt, weil es dem Auge am nächsten ist. Beinahe könnte man es in Analogie zur Benennung des Objektivs als »Subjektiv« bezeichnen, denn die Strahlen, die aus ihm kommen, müssen erst durch das menschliche Auge zu einem Bild gemacht werden, das innerhalb des menschlichen Körpers, auf der Netzhaut, entworfen wird. Bei der Kamera aber steht dem Objektiv die ebenso objektiv registrierende lichtempfindliche Schicht gegenüber, und was sich auf ihr abbildet, ist objektive Realität im strengsten Sinne des Wortes – es wäre genauso, wie es ist, auch wenn kein menschliches Auge es je zu sehen bekäme.

Kein Wunder, daß die photographische Kamera zum unentbehrlichen Instrument unzähliger objektivierender Wissenschaften geworden ist. Unentbehrlicher als allen anderen aber ist sie der vergleichenden Verhaltensforschung. Andere deskriptive Wissenschaften können sich immerhin noch ohne die Photographie behelfen, wenn es gilt, den Gegenstand ihres Wissens festzuhalten und zu dokumentieren: Die vergleichende Morphologie kann messen und Maßzahlen und Winkel niederschreiben, der vergleichenden Anatomie steht das konservierte Präparat als objektives Dokument zur Verfügung. Für die vergleichende Verhaltensforschung, die Bewegungsvorgänge beschreiben, festhalten und vor allem wiedererkennbar machen muß, sind Photographie und Kinofilm die einzigen überhaupt möglichen Mittel zur objektiven Dokumentation – wenn wir für den Augenblick vom Tonband absehen, das ebenfalls zunehmend an Bedeutung gewinnt.

Der vergleichende Verhaltensforscher muß photographieren und filmen können, aus den gleichen Gründen, aus denen der Anatom die Technik des Konservierens und Sezierens oder der Histologe die des Färbens und des Schneidens mit dem Mikrotom beherrschen muß. Alle meine Schüler können weit besser photographieren als ich selbst, wenn es auch nicht alle zu solcher Meisterschaft gebracht haben wie das Ehepaar Kalas, und keiner von ihnen trägt eine schwere Kamera so unermüdlich um den Hals gehängt wie Sybille Kalas. Die Kamera muß überall dabei sein, wo sie dabei ist. Rein theoretisch wäre die Filmkamera zur Dokumentation von Verhaltensweisen vorzuziehen, praktisch aber erweist es sich, daß in der Tagesarbeit des Ethologen die Standbildkamera nahezu Gleiches leistet, wenn der Photograph genau weiß, welche Bewegungsphasen er für eine genauere Analyse festhalten will, und wenn die Kamera imstande ist, Aufnahmen in genügend kurzem zeitlichem Abstand zu machen. Filmaufnahmen kann man nicht so a tempo und unvorbereitet machen, vor allem kann man auch mit der kleinsten 16-mm-Kamera nicht in gleicher Weise in ständiger Aufnahmebereitschaft seine Tiere begleiten, wie dies mit der Standbildkamera möglich ist.

Zu rein wissenschaftlichen Zwecken hat Sybille Kalas unzählige Aufnahmen von Graugänsen gemacht. Sie hat dabei nicht an die Schönheit des Motivs, künstlerische Blickwinkel und malerische Beleuchtungseffekte gedacht, sondern ausschließlich an das exakte Festhalten und Wiedergeben dessen, was die Gänse im Augenblick taten, und siehe da, die Bilder zeigten wunderbar Schönes. Die Natur *ist* eben schön und bedarf keiner künstlerischen Zutaten, um es zu sein!

Keines der in dem vorliegenden Buch veröffentlichten Bilder ist zum Zwecke dieses Buches aufgenommen worden. Aber an Winterabenden, die im Almtal sehr lang sein können, haben wir uns, während wir uns der wissenschaftlichen Auswertung der Bilder widmeten, immer wieder an ihrer Schönheit erfreut und haben bei ihrer Projektion die schönen Stunden wiedererlebt, an denen sie aufgenommen wurden. Aus der zeitlichen Reihenfolge der Bilder ergab es sich dabei ganz von selbst, daß wir den Lauf des Jahres rekapitulierten, wie wir es mit unseren Wildgänsen verbracht hatten. Zu jeder Aufnahme hatten wir unsere Kommentare und Reminiszenzen, und wenn wir auch dabei in erster Linie Wissenschaftliches diskutierten, konnte bei uns doch der Gedanke nicht ausbleiben, daß diese Photos auch dem Nicht-Wissenschaftler schön und interessant erscheinen müßten – und so entstand der Plan zu diesem Buch. Der zündende Funke zu seiner Verwirklichung war dann der Vorschlag der Éditions Stock.

Es ist, wie schon gesagt, kein wissenschaftliches Buch, sondern gewissermaßen ein Nebenprodukt unserer wissenschaftlichen Forschung, und diese Tatsache zeigt, schon ganz für sich allein betrachtet, wie schön die ungeschminkte, objektive Wahrheit sein kann, wenn sie die Natur betrifft.

Schließlich noch eines: Das Buch war fertig, als ich an ihm zu schreiben begann, sein Plan war ja in allen Einzelheiten durch die Bilder vorgezeichnet. Der leider fast vergessene deutsche Dichter Fritz von Ostini hat um die Jahrhundertwende den Text zu einem, von dem Maler Hans Pellar stammenden, ganz reizenden Märchen-Bilderbuch für Kinder geschrieben: »Der Dichter ist es, der hier illustriert, der Maler ist es, der die Mär gedichtet.« Im gleichen Verhältnis steht auch hier der Text zu den Bildern!

1
An klaren Sommerabenden blicken die rosa angehauchten Berge auf unsere Gänseteiche in Oberganslbach herab.

Als ich als Direktor am Max-Planck-Institut für Verhaltensphysiologie am Ess-See bei Starnberg in Oberbayern emeritierte, waren meine Untersuchungen über das Gesellschaftsleben (Soziologie) der Graugans (*Anser anser* Linné) noch in vollem Gange. Die Max-Planck-Gesellschaft zur Förderung der Wissenschaften gründete für mich in meiner österreichischen Heimat eine Forschungsstation, die ursprünglich nur der Weiterführung dieser Arbeit dienen sollte. Für diese großzügige Tat sei hier gedankt! Ebenso großer Dank gebührt der Cumberland-Stiftung, insbesondere S. K. H. Prinz Ernst August von Cumberland und dem Präsidenten der Stiftung, Herrn Dipl. Ing. Oberforstmeister Karl Hüthmayer. Als wissenschaftliches Institut ist unsere Station dem Institut für vergleichende Verhaltensforschung der Österreichischen Akademie der Wissenschaften angegliedert und führt den offiziellen Titel: Abteilung 4, Tiersoziologie.

Der Ort und die besondere Form der Gänsestation wurden durch das Entgegenkommen der Cumberland-Stiftung bestimmt: Das Almtal in Oberösterreich ist eine vom Fluch technisierender Zivilisation nahezu unberührte Landschaft. Es beginnt mit dem Almsee (2) am Fuße des Toten Gebirges, aus dem die Alm, ein reißender kleiner Gebirgsfluß, entspringt. Etwa acht Kilometer stromabwärts, an einer Stelle, an der sich das Flußtal verbreitert, wurde von Oberforstmeister Hüthmayer eine Anzahl von Teichen angelegt (1), die größere Inseln umschließen, auf denen die Gänse ungestört brüten können. Die Anlage fügt sich in völliger Harmonie der märchenhaft schönen umgebenden Landschaft ein und steht ausschließlich unserer Forschung zur Verfügung. An den Teichen stehen drei kleine, aber heizbare Hütten, in denen sommersüber die mit der Gänsepflege beschäftigten Mitarbeiter wohnen können. Wir haben für diese kleine Siedlung von Menschen und Gänsen den Namen Oberganslbach geprägt.

Wiederum einige Kilometer weiter stromabwärts liegt das Haus der Forschungsstation, eine reizende alte Mühle, der Auingerhof, die von der Cumberland-Stiftung der Max-Planck-Gesellschaft um eine nominale Mietsumme zur Verfügung gestellt und von dieser mit allen Erfordernissen eines Forschungsinstitutes, Dunkelkammer, Büro, Tierhaltungsräume usw. ausgestattet wurde. In diesem Haus gehen die Versuchstiere frei ein und aus (3, 4).

2
Vom »oberen«, südwestlichen Ufer kann man einen Großteil des Almsees überblikken und so feststellen, wo sich die Gänse aufhalten. Wenn wir nicht mit dem Boot fahren, rufen wir sie zu uns ans Ufer.

3
Das Institut ist im Auingerhof, einem im Jahre 1776 erbauten Gebäude, untergebracht. Das früher auch mit einer Mühle verbundene Anwesen liegt, von zwei Bächen flankiert, am Ufer der Alm, auf deren Kiesbänken sich die Gänse gern aufhalten.

4
Diese jungen Graugänse, die beim Institutsgebäude aufgezogen wurden, verbrachten in ihren ersten Lebenswochen die Nacht im Zimmer ihrer Ziehmutter und kehrten deshalb auch, als sie bereits flügge waren, gern hierher zurück. Daran, daß diese beiden Gänse sich im Hauseingang putzen und hier ruhen, erkennt man, wie vertraut und entspannt sie sind.

Die Weite der unberührten Wald- und Wasserlandschaft, die unserer Forschung nun zur Verfügung stand, machte es möglich, auch größere Säugetiere in ihrer natürlichen Umgebung zu untersuchen. Je höher eine Tierart organisiert ist, desto empfindlicher ist ihr soziales Leben gegen Störungen, die durch einen unnatürlichen Lebensraum, vor allem durch enge Gefangenschaft verursacht werden. Solche Störungen kann man, wenigstens zum Teil, ausschalten, indem man auch bei Säugern die Methode anwendet, *zahme,* seit frühester Kindheit vom Menschen aufgezogene Individuen in völliger Freiheit zu halten und zu beobachten. Wir wählten zwei Säugetierarten, die wegen ihres hochentwickelten Soziallebens und wegen ihrer sonstigen interessanten Instinkte als vielversprechende Objekte der Tiersoziologie erschienen: erstens das Wildschwein *(Sus scrofa),* zweitens den Biber (*Castor fiber* L.).

Auch bei diesen Säugetieren galt es, zahm freilebende Populationen aufzubauen, deren Soziologie man in natürlicher Umgebung studieren kann. Das beginnt, wie bei den Gänsen auch, mit der Handaufzucht junger Tiere, die ihre kindlichen Triebe auf den menschlichen Pfleger übertragen. Unsere Wildschweine tun dies mit ihrem Pfleger Michael Martys, dem sie wie treue Hunde durch die Wälder nachlaufen (5, 6). Wildschweine werden im Naturwildpark der Cumberland-Stiftung in großen Mengen gezüchtet, Frischlinge stehen unserer Forschung jederzeit zur Verfügung. Wildschweine sind Tiere, die, wie Gänse oder Hunde, mit ihren Artgenossen große Wanderungen unternehmen und daher stark an die Pflege-Eltern gebunden sind, die ihnen voranlaufen.

Bei den Bibern ist dies etwas anders. Sie wandern manchmal aus ihrer Heimat aus, wenn die Verhältnisse dort ungünstig werden, zum Beispiel wenn ihre Nahrungspflanzen allzustark abgeerntet sind; man kann daher bei zahmen Tieren nicht mit Sicherheit voraussagen, ob ihnen der Ort gefallen wird, an dem sie aufgezogen wurden, auch wenn man alles getan hat, um sie zahm und anhänglich zu machen. Dazu kommt, daß junge Biber nicht so leicht zu bekommen sind wie junge Wildschweine. Außerdem sind sie nicht so leicht aufzuziehen wie diese; Klaus Kalas hat lange experimentieren müssen, um die richtige Zusammensetzung der Milch zu finden, mit der man Biberbabies aufziehen kann.

5
Für einen Leckerbissen sind auch Wildschweine immer zu haben, besonders wenn er wie hier vom Menschenkumpan kommt.

6
Diese beiden jungen Wildschweine sind völlig zahm und folgen ihrem Pfleger Michael Martys auf langen Spaziergängen wie Hunde nach. Auch anderen Menschen gegenüber sind sie nicht scheu, können sie aber sicher von ihrem Pfleger unterscheiden.

7
Man weiß, daß junge Biber oft über dem Saugen an der mütterlichen Zitze einschlafen. Auch der von Hand aufgezogene Biber Fritz wollte zum Einschlafen die Zitze (sprich den Flaschenschnuller) nicht missen.

8
Vor der Kunstburg lassen sich die drei zahmen, von Hand aufgezogenen Biber Laurie, Muck und Hektor von Klaus Kalas, ihrer Ersatz»mutter«, mit Karottenstücken verwöhnen.

9
Obwohl die Aufzucht junger Feldhasen nicht unproblematisch ist, gelang sie uns einige Male, indem wir sie mit einem Säuglingsmilchpräparat und Kamillentee fütterten. Dies ist einer von fünf Junghasen, die bei einem unserer Gänsehüttchen in Oberganslbach aufgezogen wurden und sich noch dort aufhielten, als sie schon längst selbständig waren. Sie machten sich einen Spaß daraus, hakenschlagend über die auf der Wiese schlafenden Gänse zu springen.

Unser Studium des Bibers verfolgt einen doppelten Zweck, den der Forschung und den des Naturschutzes. Die Untersuchung des sozialen Zusammenlebens der Biber wie auch ihrer weltbekannten Bautätigkeit verspricht interessante Ergebnisse. Soviel man bis jetzt weiß, sind auch die größten bekannten Biberdämme, die fast zwei Meter Niveaudifferenz des aufgestauten Wassers bewirken und über hundert Meter lang sein können, jeweils die Arbeit einer Familie bzw. einer Generationenfolge von Familien. Wenn dies richtig ist, müssen die Tiere tatsächlich jahrelang den sprichwörtlichen biberhaften Fleiß entwickeln. Vom Standpunkt des Verhaltensforschers ist der Dammbau auch deshalb interessant, weil er fast ausschließlich auf ererbten, instinktmäßigen Tätigkeiten und Reaktionen beruht.

Für den Naturschutz ist unser Projekt insofern bemerkenswert, als der Biber in Mitteleuropa zu den beinahe ausgestorbenen Tieren gehört, seine Wiedereinbürgerung also außerordentlich verdienstvoll wäre (7, 8). Vorläufig haben wir nur wenige, nicht-handaufgezogene Biber in Freiheit gesetzt und wagen noch nicht, dasselbe mit den handaufgezogenen zu riskieren, wir wollen erst eine größere, zahme Population aufbauen. Die Zahmheit der Biberpopulation ist für unsere Forschung auch deshalb wichtig, weil scheue Biber erst in später Dämmerung aus dem Bau kommen. Diese Nachtaktivität ist aber offensichtlich durch die Gefahren der Umwelt bedingt; unsere zahmen Biber kommen um ein Uhr mittags aus dem Bau.

Gelegentlich ziehen wir außerplanmäßig auch andere Tiere auf, besonders wenn uns kleine Waisen gebracht werden, wie es mehrmals mit Feldhasen der Fall war. Wir ziehen sie auf und überlassen sie dann der Freiheit, vorsichtig und schrittweise. Mehrere Feldhasen, mit denen wir eben dies taten, erwiesen sich als unerwartet intelligente, spiellustige Tiere, blieben lange in unserem Gelände und wurden nur allmählich von unserer Fütterung unabhängig. Mit ihrer wirklichen Mutter bleiben Feldhasen viel weniger lang in Kontakt, und in einem Alter, wie es der Hase hier im Bilde hat, werden sie normalerweise längst nicht mehr gesäugt (9).

Wir werden vielleicht in zwei späteren Bänden über Wildschweine und Biber berichten.

Das wichtigste Untersuchungsobjekt unserer Station, das seit langem im Mittelpunkt meines Interesses steht, ist die Graugans (10).

Graugänse bewohnen im allgemeinen die nördlichen Regionen von Europa und Asien; die uns am nächsten liegende wilde Population ist die des Neusiedlersees, östlich von Wien. Im allgemeinen ist die Graugans ein Zugvogel, nur in Schottland gibt es nichtwandernde Populationen. Der Weg, auf dem die Graugänse im Herbst nach Süden ziehen, scheint nicht angeboren zu sein, sondern durch Tradition weitergegeben zu werden. Jungaufgezogene Gänse, deren Pflege-Eltern ihnen nicht den Weg der herbstlichen Wanderung zeigen können, bleiben diesen Menschen und dem Ort ihrer Aufzucht treu.

Ich werde oft gefragt, warum wir gerade Graugänse zum Gegenstand so ausgedehnter Studien machen. Eine große Anzahl von Gründen ist hierfür maßgebend. Ausschlaggebend ist der Umstand, daß die Graugans in vielen entscheidenden Punkten ein dem Menschen analoges Familienleben hat. Wohlgemerkt, wir vermenschlichen die Tiere keineswegs, sondern wir finden völlig objektiv und nicht ohne eine gewisse Verwunderung, daß zum Beispiel die Eheschließung bei Gänsen fast genauso verläuft wie bei uns selbst. Einem plötzlichen Sich-Verlieben des jungen Männchens folgt eine intensive Werbung um ein bestimmtes junges Weibchen, manchmal stark behindert durch einen bösen Vater. Die Werbung ist in vielen Einzelheiten der eines jungen Menschenmannes geradezu lächerlich ähnlich: Der junge Ganter protzt mit Mut und Kraft. Er sucht etwas darin, andere Ganter, darunter auch solche, vor denen er normalerweise Angst hat, anzugreifen und zu vertreiben, wohlgemerkt aber nur, wenn die »Umworbene« zusieht. In ihrer Gegenwart prahlt er durch Zur-Schaustellung seiner Körperkraft. Selbst um kleine Strekken zurückzulegen, die jede nicht verliebte Gans vernünftigerweise zu Fuß durchschreiten würde, fliegt er auf, beschleunigt seinen Abflug stärker, als jede »normale« Gans es je tut, um, bei der Dame angekommen, scharf abzubremsen. Er benimmt sich in dieser Hinsicht also genau wie ein junger Mann auf einem Motorrad oder im Sportwagen. Wenn die Gans auf seine Werbung eingeht, entwickeln die beiden eine Zeremonie des Zusammenhaltens, das sogenannte

10
Der Ganter Greif folgt unserem Boot, als wir auf dem Almsee nach dem Nest seiner Frau Susi suchen. In der Nähe des Nestes tut er betont unbeteiligt, um das brütende Weibchen nicht zu verraten.

Triumphgeschrei, und bleiben einander, wenn nichts dazwischenkommt, lebenslang treu.

Wie wir noch sehen werden, kommt aber manchmal etwas dazwischen, genau wie bei uns Menschen.

Ein starkes Band zwischen den Gatten ist die gemeinsame Liebe zu den Kindern, die ihrerseits den Eltern treu anhängen. Wenn ein Gänsepaar in einer Brutperiode sein Gelege oder seine Jungen verliert, so kehren regelmäßig die jungen Gänse des Vorjahres, soweit sie noch nicht »verlobt« sind, zu den Eltern zurück. Dasselbe tun Gänse, die ihren Ehepartner verloren haben; sie schließen sich dann an Eltern oder an unverheiratet gebliebene Geschwister an. Kurz, das Familien- und Gesellschaftsleben zeigt einige verblüffende Ähnlichkeiten zu dem unseren und gibt uns genug Rätsel auf.

Ein besonderer Umstand aber macht die Graugänse zu einem überragend günstigen Objekt für tiersoziologische Untersuchungen: Graugänse, die man vom Ei ab in menschlicher Obhut aufzieht, übertragen die treue Anhänglichkeit, die sie unter natürlichen Verhältnissen ihren Eltern gegenüber beweisen, auf den menschlichen Pfleger. Es klingt sentimental, ist aber eine objektive Tatsache, daß unsere Graugänse zum größten Teil durch ihre dauernde Freundschaft zu ganz bestimmten Menschen an den Ort gebunden bleiben, an dem wir sie haben wollen.

Das Almtal, in dem wir unsere neue Gänsesiedlung begründen wollten, ist in einer Hinsicht großartig geeignet für eine Gänsepopulation, die im Herbst nicht nach Süden fliegt: Der Almsee wird nämlich aus artesischen Quellen gespeist, die aus der Tiefe des Gesteins kommen und auch im Winter so warm sind, daß der See nie zufriert. Auch die Teiche des Cumberlandschen Naturwildparkes und unsere eigenen Teiche in Oberganslbach werden von Sickerwasser gespeist, das vom Almfluß her durch tiefere Schotterlagen eindringt. Alle diese Gewässer frieren daher im Winter nie zu.

Weniger günstig ist es, daß das Almtal ein schmales Gebirgstal ist und nur in der unmittelbaren Umgebung von Oberganslbach, in der Umgebung des Almsees und auch in der des Auingerhofes jene offenen Weideflächen besitzt, wie Gänse sie benötigen. Heute haben die Gänse es gelernt, diese drei Lokalitäten zu ihrem Aufenthalt zu bevorzugen, und wechseln sinnvoll zwischen ihnen hin und her.

Es war nicht ganz leicht, die Graugans-Siedlung, die am Ess-See des Max-Planck-Institutes in Oberbayern fest eingewöhnt war, nach Österreich zu verpflanzen, und die Geschichte dieser Übersiedlung ist an sich schon interessant genug. Wir machten uns die schon erwähnte Anhänglichkeit der Gänse an ihre Zieh-Eltern auch für die Zwecke ihrer Übersiedlung von Seewiesen in Bayern nach Grünau im Almtal zunutze. Schon im Frühling 1973 fanden sich vier aufopferungsbereite Gänse-Pflegemütter, drei Mädchen und ein junger Mann, dazu bereit, je eine Schar junger Graugänse zu führen. Sie mußten ihren Dienst schon im April antreten, zur Zeit, da junge Graugänse aus dem Ei schlüpfen. Noch ehe die Pflegekinder flügge waren, mußten sie ins Almtal gebracht werden, denn für jeden Vogel ist die eigentliche Heimat da, wo er zu fliegen beginnt und fliegend die weitere Umgebung erkundet. Damit war uns der Zeitpunkt der Übersiedlung für die ersten Gänse vorgeschrieben: sie mußte vor Ende Juni stattfinden. Zu dieser Zeit waren aber die Hüttchen an unseren Teichen noch nicht fertig, und unsere Gänsemütter nahmen es in heroischer Weise auf sich, in einer Wildfütterungshütte zu kampieren, deren Seitenwände nur aus Lattengitter bestanden, durch das Wind und Nebel ungehindert Eintritt fanden, der Regen auch, wenn der Wind etwas stärker war. Selbst im Juni gibt es im Almtal viel Wind, Regen und Nebel!

Gleichzeitig mit den vier Scharen von diesjährigen, handaufgezogenen Junggänsen übersiedelten wir mehrere Gruppen von vorjährigen Gänsen, die von denselben Pflege-Eltern aufgezogen worden waren. Auf ihre Anhänglichkeit konnten wir also rechnen. Dazu nahmen wir noch einige Gänsefamilien mit noch flugunfähigen Jungen, da wir annehmen konnten, daß diese im Interesse ihrer Kinder keine Versuche zur Flucht machen würden. Zunächst brachten wir diese Vögel in einer der Cumberland-Stiftung gehörenden Volière unter, die an einem Teich etwa einen Kilometer stromabwärts von unserer Wildfütterung inmitten des Parks liegt. Als wir sie nach wenigen Tagen freiließen, gab es Schwierigkeiten. Zwar fanden die vorjährigen handaufgezogenen Gänse sofort wieder Anschluß an ihre Pfleger und blieben bei ihnen, die Familien mit den Jungen aber wollten fort, wanderten weit umher und mußten jeden Abend in mühevoller Hüte-Arbeit an den großen Teich zurückgetrieben werden. Das war nötig, weil sie nur dort vor den vielen Füchsen sicher waren, die unser Tal bevölkern. Allmählich gewannen auch diese Gänse Vertrauen zu den Pflegern und übersiedelten vom »Volièrenteich« zur Wildfütterung, die zunächst das Zentrum unserer Gänsesiedlung darstellte.

Als nach der Mauser alle Gänse wieder fliegen konnten, erkundeten sie mit den heurigen, inzwischen auch flugfähig gewordenen Junggänsen die Umgebung und waren bis zum Herbst bereits so heimisch geworden, daß sie, als die befreundeten Menschen in das Institutsgebäude umzogen, ohne weiteres mitgingen, sich dauernd in der Nähe des Hauses aufhielten und nur zum Übernachten größere Teiche und vor allem den Almsee aufsuchten. Dieses Verhalten hat sich inzwischen zur Tradition gefestigt. Im Sommer sind die Hüttchen an unseren Teichen das Zentrum der Gänsesiedlung, im Herbst und Winter ist es der Auingerhof. Eines schönen Herbsttages stehen die Gänse dann plötzlich vor diesem Haus, manchmal schon ehe die Menschen eingezogen sind. Sie bleiben aber nur da, wenn sie ihre menschlichen Freunde vorfinden.

Wenn es im Frühwinter stark geschneit hat, vermeiden die Gänse die Wiese. Sie fallen nicht gern in tiefem Schnee ein, der ihnen auch den Abflug erschweren würde, und ziehen es nun vor, sich auf den schneefreien Kiesbänken im Flachwasser des Almflusses aufzuhalten.

Sie nächtigen zu dieser Jahreszeit auf dem Almsee, auf dessen großer Wasserfläche sie vor Füchsen sicher sind, und kommen jeden Morgen kurz nach Tagesanbruch vom See her talab geflogen. Der See liegt ungefähr acht Kilometer entfernt und mehr als hundert Meter höher als der Auingerhof, und die Gänse behalten bei ihrem Morgenflug die Höhe ihres Abflugortes bei. Oft kommen sie noch viel höher daher, da die im Gebirge häufigen Aufwinde ihnen die Möglichkeit bieten, ohne Anstrengung große Höhen zu gewinnen, und das macht ihnen offensichtlich Spaß. Sie machen dann auch dem Zugtrieb Luft, der sie im Herbst und Frühjahr beherrscht, und ziehen hoch über die schneebedeckten Gebirge weit umher (11), ehe sie bei

11
Im Herbst und Winter fliegen die Gänse in geschlossener Schar. Wenn es sehr kalt ist, ziehen sie beim Fliegen die Füße in die Flankenfedern ein und bieten so als Gänse ohne Beine einen merkwürdigen Anblick.

uns auf den Kiesbänken in der Nähe des Stationsgebäudes einfallen.

Ich empfinde es als einen unaussprechlichen, auch durch lange Gewohnheit nie abgestumpften Reiz, wenn freifliegende Vögel von weither auf mich zukommen. Der arme – aber auch böse – Mensch sieht die wilden Tiere ja fast immer nur *von hinten!* In allen Ländern der Erde, in denen der Mensch mit wilden Tieren in Berührung kam, ist er heute als gefährlichstes und mitleidlosestes aller Raubtiere bekannt und verrufen; es gibt kaum ein Tier, das nicht flieht, wenn es das Herankommen des Menschen rechtzeitig bemerkt, und sei es noch so groß und stark, noch so schwer bewaffnet. Nur, wo der Mensch den Tieren *unbekannt* ist, kommen sie ihm voll Vertrauen entgegen, das leider meist unangebracht ist. Man muß schon auf die Galápagos-Inseln oder in die Antarktis fahren, um Tiere zu finden, denen man sich auf wenige Schritte nähern kann, ohne daß sie davonlaufen oder -fliegen.

Wenn einer von uns zufällig im Walde einem größeren Säugetier begegnet, so sieht er nur für Bruchteile von Sekunden ein erschrecktes Tiergesicht. Fast die ganze ihm zugewandte Fläche wird von Sinnesorganen eingenommen. Große, aufgerichtete Ohren, weit aufgerissene Augen und geblähte Nüstern. Im nächsten Augenblick sieht er meist gar nichts, nur wogende Zweige oder doch höchstens eine rapide entschwindende Hinteransicht des Tieres. Vögel, vor allem größere, wie Raubvögel, Raben oder Wasservögel, sind in freier Natur fast noch scheuer als Säugetiere, und um sie aus nächster Nähe zu sehen – und zu photographieren –, muß man die ganz schlau ausgearbeitete Technik des Jägers anwenden, das heißt sich anschleichen oder an geeigneter Stelle wohlgetarnte Verstecke bauen.

Der Mensch fühlt sich als »Herr der Erde« und ist es auch, wenn auch im eben angedeuteten und wenig wünschenswerten Sinne – jedoch nur auf trockener Erde. Im Meer ist er ein ganz bescheidenes Fischchen, und ich erinnere mich deutlich, wie ein großer Barrakuda, den ich naiverweise fortjagen wollte, Drohstellung annahm und mir die Zähne wies. Ich bemerkte bei dieser Gelegenheit auch, wie schlecht man mit Gummiflossen rückwärts schwimmen kann.

Von solchen, wenig erfreulichen Ausnahmen abgesehen, kann sich der Mensch freilebenden Tieren nicht nähern, ohne daß sie flie-

12
Die Gänse kommen über den verschneiten Wald geflogen, verlieren im Gleitflug langsam an Höhe und fallen bei uns ein, indem sie mit den stark nach vorn gebogenen Flügeln die typische »Glocke« bilden.

hen; er ist aus dem Paradies des friedlichen Zusammenlebens mit seinen Mitgeschöpfen ausgestoßen. Wenn nun aber freilebende Tiere von weither auf mich zukommen – nicht etwa, weil sie mich nicht bemerkt haben, sondern, gerade umgekehrt, *weil* sie mich gesehen und gehört haben –, so scheint es mir, als sei diese Austreibung aus dem Paradies rückgängig gemacht worden.

Ich stehe im Almtal, an einer Stelle, an der wir manchmal mit den Gänsen ein Rendezvous haben. Es ist früher Morgen, die Bergspitzen haben schon etwas Sonne, das Tal liegt noch in tiefer Dämmerung, gerade über der Stelle des Talbodens, an der ich stehe, breitet sich eine Wolkendecke. Da höre ich über mir, hoch in der Luft, vorüberfliegende Gänse rufen, gebe Antwort und bekomme sofort Rückantwort, und zwar, wie ich höre, von der Stimme einer Schneegans. Wir hatten damals noch eine einzige Schneegans, namens Arco, die es leider inzwischen vorgezogen hat, an das Max-Planck-Institut in Seewiesen zurückzukehren. Damals war sie noch im Almtal, und an jenem Morgen flog sie noch mit unseren Graugänsen. Kaum, daß sie gerufen hatte, sah ich sie durch ein kleines blaues Loch in der Wolkendecke, von der Sonne beschienen, ein leuchtendes weißes Sternchen, hoch am Himmel. Gleich darauf war sie hinter den Wolken verschwunden, aber sie hatte mich gehört, und an einer kleinen Bewegung des Kopfes hatte ich bemerkt, daß auch sie mich gesehen hatte. Sekunden später fiel der weiße Vogel aus den Wolken und landete dicht bei mir; die Graugänse flogen weiter talab, bis dahin, wo die Wolkendecke aufhörte, ließen sich dort sinken und kamen unter den Wolken fliegend zu mir zurück.

Jetzt im Herbst, da ich diese Zeilen schreibe, kommen viele, viele Gänse jeden Morgen vom Almsee, an dem sie genächtigt haben, zum Auingerhof zurückgeflogen. Jeden Morgen fallen sie aus großer Höhe vom Himmel herab und landen auf der Wiese vor dem Haus. Das ist so sicher wie das Amen aufs Gebet, und wir haben ein sehr bequemes Bänkchen mit Tisch an jener Stelle in der Wiese gebaut, von der man die Gänse am besten beobachten kann. Jeden Morgen, den ich in Grünau bin, sitze ich dort und warte auf die Gänse, und jeden Morgen ist ihre Ankunft das gleiche Fest für mich, das gleiche Wunder, wenn sie ihren Flügelschlag einstellen, im Gleit-

13
Wenn an bitterkalten Wintertagen die Sonne hinter dem Gebirge aufsteigt, bildet sich ein Nebelschleier über dem relativ warmen Wasser der Alm. An solchen Tagen bleiben die Gänse im Wasser stehen, um sich die Füße zu wärmen.

14
Kommen die Gänse zum Fressen ans Ufer, so legen sie sich sofort hin und wärmen die Füße in den Flankenfedern. Wenn sie zuvor gebadet haben, gefrieren die Wassertropfen auf dem Gefieder, wie hier bei dem handaufgezogenen Ganter Nils, und werden beim Putzen mit knabbernden Schnabelbewegungen entfernt.

flugc langsam an Höhe verlieren (12), in steilem Sturzfluge zu uns herabkommen und ganz nahe bei uns einfallen.

Auch bei strenger Kälte bleiben die Gänse nicht nur dem Ort, sondern auch ihren täglichen Gewohnheiten treu. Tiefe Temperaturen machen ihnen gar nichts aus (13), da das Wasser aus den erwähnten Gründen auch mitten im Winter Temperaturen erheblich über dem Gefrierpunkt behält. Daher »dampft« der Fluß an kalten Tagen, und der Wasserdampf schlägt sich an den Bäumen und Büschen seiner Ufer zu phantastischen Bildungen von Rauhreif nieder. Tritt dann die Sonne hervor, so sieht man oft Bilder von bezaubernder Schönheit. Bei strengem Frost stehen die Gänse gern in dem verhältnismäßig warmen Wasser. Die Eisklümpchen, die sich manchmal an ihren Kopffedern bilden, entfernen sie durch Putzen (14).

Nirgends ist der Frühling so schön wie in den Alpen. Der Blumenflor löst die Schneedecke fast unmittelbar ab. Kaum haben sich ein paar schneefreie Stellen gebildet, so kommen die Schneerosen (*Helleborus niger* L.) (15), die merkwürdigen Blüten der Pestwurz (*Petasites hybridus* L.) (16) und die zarten Kelche des Krokus (*Crocus alpiflorus* L.) (17) hervor.

Auch in den Gänsen erwacht der Frühling, die Zeit der Liebe. Junge Gänse lösen sich nun aus dem Familienverband, teils aus eigenem Antrieb, zum Teil aber auch, weil ihre Eltern ja selbst wieder brüten wollen und erwachsene Kinder nicht mehr in ihrer Nähe dulden. Die selbständig gewordenen jungen Ganter nahen sich nun vorsichtig ihrer Auserkorenen und nehmen dabei eine sehr kennzeichnende Stellung des Körpers und des Halses ein, der in einer gespannten Haltung vorgestreckt und gleichzeitig nach unten abgewinkelt wird (18).

Nachdem der junge Mann diese Form der Werbung, oft mit großer Geduld viele Tage hindurch fortgesetzt hat, beginnt er etwas intimer zu werden, indem er der Gans das sogenannte Triumphgeschrei anträgt. Er kommt mit lang vorgestrecktem Hals auf sie zu und äußert dabei eine ganz bestimmte Form des Schnatterns. Sehr häufig folgt diese besondere Form der Liebeserklärung auf einen kleinen Angriff, den der Ganter unmittelbar vorher auf irgendeine andere Graugans ausgeführt hat. Der Beobachter kann nicht umhin,

15
Schon im Dezember und Januar findet man vor allem an den Südhängen des Almtals die Blütenknospen der Schneerose (Helleborus niger L.). Im späten Winter und zeitigen Frühjahr blühen dann an schon schneefreien Stellen diese herrlichen Blumen.

16
Auch die Pestwurz (Petasites hybridus L.) ist ein sehr früher Blüher. Noch bevor die im Sommer und Herbst so auffälligen, großen Blätter erscheinen, sproßt der Blütenstand aus der vom langen Winter gezeichneten Bodenvegetation.

17
Etwa zur gleichen Zeit erscheinen auch die zarten Blütenkelche des Krokus (Crocus albiflorus L.), manchmal zu Tausenden auf den Wiesen.

zu fühlen, daß er der Umworbenen mit seinem Mute imponieren will (19).

Zunächst antwortet die Gans nicht auf diesen Liebesgruß, ja sie fürchtet sich zunächst ein wenig vor ihm. Nach einiger Zeit aber beginnt sie, erst schüchtern, dann immer energischer, in das Geschrei des Ganters einzustimmen, und wenn dies erst einmal der Fall ist, kann die »Verlobung« als geschlossen gelten. Wenn nicht dramatische Ereignisse dazwischenkommen, bleibt sich ein solches Gänsepaar lebenslänglich treu. Die hier in Rede stehende Grußzeremonie wird besonders dann ausgetauscht, wenn sich das Paar nach einer starken Störung, zum Beispiel nach langer Trennung oder nach einem aufregenden Kampf gegen andere Gänse, wieder vereinigt findet. Je ärger die Aufregung, desto intensiver das Geschrei, daher die Bezeichnung »Triumphgeschrei«, die Oskar Heinroth ihm gegeben hat (20).

Gänsepaare bleiben einander »im allgemeinen« treu bis zum Tode. Zu den »dramatischen Ereignissen«, von denen ich oben gesprochen habe, gehört aber auch, daß sich ein Ganter oder eine Gans, obwohl er oder sie »verlobt« oder sogar fest verheiratet ist, plötzlich und leidenschaftlich in einen neuen anderen Partner »verliebt« – es gibt kein anderes Wort. Solche Untreue kommt meist nur dann vor, wenn schon bei der Paarbildung irgend etwas nicht gestimmt hat, zum Beispiel wenn einer der Gatten seine erste große Liebe verloren und den gegenwärtigen Partner nur als Ersatz angenommen hatte. Wir haben im Laufe unserer langen Gänsebeobachtungen nur dreimal erlebt, daß ein Paar auseinanderging, das bereits miteinander gebrütet und erfolgreich Junge aufgezogen hatte, merkwürdigerweise war in zweien dieser Fälle der Gänserich Ado der Verführer. Zwei, von verschiedenen Pflege-Eltern jung aufgezogene Gänse – wir benennen sie grundsätzlich mit dem Familiennamen ihrer Pfleger – der Gänserich Janos Fröhlich und die Gans Susanne Elisabeth Breit – hatten sich verpaart und im Frühjahr 1973 erfolgreich gebrütet. Der um sehr viel ältere, sehr starke Ganter Ado hatte in den Wirren des Umzugs seine Frau verloren, besser gesagt, seine Braut, denn gebrütet hatten die beiden noch nicht miteinander. Janos war um sehr viel schwächer als Ado und konnte nicht viel dagegen unterneh-

18
An warmen sonnigen Vorfrühlingstagen beginnen die Gänse zu balzen. Hier sieht man einen alten Ganter mit Winkelhals in der Nähe seiner Auserwählten gehen. Die geriffelten Konturen des Halsgefieders treten deutlich hervor, Schnabel und Beine sind in dieser Zeit leuchtend rosarot.

19
Der eben zur Schar zurückgekehrte Ganter Traun, der 3 Jahre allein am 30 km entfernten Traunsee verbrachte, trägt der gerade aus dem Familienverband ausgeschiedenen Lucia ein Triumphgeschrei an. Das junge Mädchen ist noch schüchtern und antwortet nicht.

men, daß seine ungetreue Gattin Susanne-Elisabeth, in neuer Liebe entflammt, zu Ado überging. Im Jahre 1975 brüteten Ado und Susanne-Elisabeth auf dem Almsee, als das Schicksal in der Gestalt eines Fuchses eingriff. Wir fanden eines schönen Morgens die hintere Hälfte von Susanne-Elisabeth auf dem leeren Nest, während der tieftrauernde Ado stumm in der Nähe stand.

Gänse besitzen eine wahrhaft menschenähnliche Fähigkeit zu trauern. Man sage mir nicht, daß dies eine unzulässige Vermenschlichung sei. Gewiß, man kann in die Seele einer Gans nicht hineinschauen, sie kann einem keine sprachliche Mitteilung von dem machen, was sie erlebt. Das kann aber ein kleines Kind auch nicht, und dennoch hat John Bowlby in seiner berühmten Arbeit über kindlichen Gram (Infant Grief) in überzeugender und erschütternder Weise dargetan, wie intensiv kleine Kinder trauern können. Wahrscheinlich tun sie dies sogar tiefer und heftiger als Erwachsene, da sie noch keinen Trost in rationalen Erwägungen finden können. Der Hund, dessen Herr auf eine Reise gegangen ist, trauert so, als hätte er ihn für immer verloren. Man kann ihm nicht sagen: »Ich komme nächste Woche wieder.« Deshalb sind auch Hunde, die man auf längere Zeit verlassen muß, seelisch so geschädigt, daß sie sich über die Rückkunft des geliebten Menschen gar nicht richtig freuen können und oft viele Wochen brauchen, bis sie ihre vorherige Munterkeit wieder erlangen – wenn sie das überhaupt tun. Tiere sind uns in emotionaler Hinsicht sehr viel ähnlicher, als wir gemeinhin annehmen. Der himmelweite Unterschied besteht in den Leistungen des Verstandes. Ich pflege zu Fernerstehenden und in der Vorlesung zu sagen: Tiere sind sehr viel dümmer, als Sie alle glauben, aber in ihren Gefühlen und Affekten sind sie von uns sehr viel weniger verschieden, als Sie alle annehmen.

Dem entspricht auch alles, was wir über den Bau und die Funktion der verschiedenen Teile des Gehirnes wissen. Auch beim Menschen sitzen die Verstandesleistungen im Vorderhirn (Telencephalon) und alles Gefühls- und Affektmäßige in den basalen Teilen des Gehirns. Diese sind aber bei Tieren nicht wesentlich von denen des Menschen verschieden, auch anatomisch besteht der gewaltige Unterschied in der Ausbildung der Hemisphären des Vorderhirns.

20
Auch bei Paaren, die schon viele Jahre zusammen gehen (hier Selma und Gurnemanz), antwortet die Gans in vielen Fällen nicht sehr intensiv auf das Triumphgeschrei ihres Ganters. Dieser darf ihr aber im Gegensatz zu jungen Paaren dabei sehr nahe kommen, ja sie sogar berühren.

21
Nachdem er seinen Nebenbuhler Ado, den man im Hintergrund sieht, vertrieben hat, kommt Gurnemanz triumphschreiend zu Selma zurück. Selma versucht zu Ado hinzugehen, aber Gurnemanz vertritt ihr immer wieder den Weg. Selmas eingezogener »Duckmäuser-Hals« ist ein Zeichen für ihre Unsicherheit.

22
In seiner Aufregung beißt Gurnemanz sogar nach Selma, als er ihr beim Triumphgeschrei sehr nahe kommt. Im Hintergrund sieht man Ado, den Hals in der Imponierstellung hoch aufgerichtet.

Auch die objektiven, physiologischen Symptome tiefer Emotionen, vor allem die der Trauer, sind bei Tieren, vor allem bei Hunden und bei Gänsen, fast genau dieselben wie beim Menschen. Im vegetativen Nervensystem sinkt der Tonus des sympathischen Systems ab, während der des parasympathischen Systems, vor allem des Nervus vagus, ansteigt. Dies hat zur Folge, daß die allgemeine Erregbarkeit im zentralen Nervensystem absinkt; die Muskulatur verliert an Spannkraft, die Augen sinken tief in die Höhlen, der Mensch, der Hund und auch die Gans lassen im buchstäblichen Sinne des Wortes den Kopf hängen, verlieren den Appetit und werden gegen alle von der Umgebung ausgehenden Reize gleichgültig. Dies hat bei trauernden Menschen wie bei Gänsen zur Folge, daß sie in hohem Grade »unfallanfällig« werden: Menschen verunglücken eher mit dem Automobil, Gänse fliegen oft gegen Lichtleitungen oder werden wegen ihrer Unaufmerksamkeit zur Beute von Raubtieren.

Bei Gänsen wirkt sich der Zustand der Trauer auch in sozialer Hinsicht in geradezu dramatischer Weise aus. Trauernde Gänse sind völlig unfähig, sich auch nur im geringsten gegen die Angriffe anderer zu wehren. Hatte der Trauernde früher in der festen Rangordnung der Gänsekolonie eine hervorragende Position, so wird seine nunmehrige Wehrlosigkeit von vielen seiner früheren Untergebenen erstaunlich schnell erkannt und ausgenützt. Er wird von allen Seiten gepufft und geknufft, selbst von den schwächsten und am wenigsten mutigen Mitgliedern der Schar; mit anderen Worten, er sinkt auf die unterste Stufe der sozialen Rangordnung, er wird, wie die Tiersoziologen sagen, zum »Omega-Tier«.

Ich habe schon gesagt, daß verwitwete Gänse regelmäßig den Versuch machen, in den Schoß ihrer Familie zurückzukehren. Es ist ungemein rührend, wenn ein alter Ganter, den man vor Jahren jung aufgezogen hat und der während der Zeit einer langen und glücklichen Ehe keinerlei persönliche Bindungen zu seinem menschlichen Pfleger gezeigt hat, nach dem Verlust seiner Gattin auf einmal tieftraurig, aber treu dem menschlichen Freunde nachläuft. Ado war nicht von Menschen, sondern von seiner wirklichen Mutter aufgezogen worden, und diese lebte schon lange nicht mehr. Er war auch nicht besonders zahm, beispielsweise nicht zahm genug, um Futter aus unserer Hand zu nehmen. Um so rührender war es, daß er nach dem Tod Susanne-Elisabeths im Sommer 1976 hartnäckig versuchte, sich an mich anzuschließen, obwohl er mich ja sonst weniger gut kannte als Sybille Kalas oder Brigitte Kirchmayer. Es fiel mir erst nach einiger Zeit auf, daß immer dann, wenn ich mich aus der Schar der Gänse entfernte, also nicht von Graugänsen umgeben war, die den seiner Rangstellung verlustigen Ado quälten, der arme Ado schüchtern in trauriger Haltung hinter mir hergeschlichen kam und in einer Entfernung von acht bis zehn Metern stehenblieb.

Den ganzen Rest des Jahres 1976 verbrachte er so allein und traurig. Im Vorfrühling 1977 ermannte er sich plötzlich und bewarb sich intensiv um die Gans Selma, die fest verheiratet war und schon im Vorjahr mit ihrem Gatten Gurnemanz gebrütet und drei Junge großgezogen hatte. Ado fand bei der Treulosen Gegenliebe, und nun entspann sich ein Eifersuchtsdrama seltener Art.

Dem »rechtmäßigen« Gatten oder Bräutigam, dessen Dame sich für einen anderen Ganter interessiert, stehen ganz bestimmte Verhaltensweisen zur Verfügung, mittels deren er sie daran hindern kann, zu dem Rivalen hinüberzuwechseln. Er läuft auf Schritt und Tritt dicht neben ihr her und vertritt ihr den Weg, sowie sie sich dem anderen zuwenden will (21). In seiner extremen Erregung beißt er sogar nach ihr, was normalerweise nie geschieht (22).

Zur Zeit kann ich dieses Eifersuchtsverhalten jederzeit an einem Saatganter (*Anser fabalis* L.) demonstrieren, der – auf mich – eifersüchtig ist. Die Saatgans Camilla hegt für mich, obwohl sie nunmehr fast drei Jahre alt ist, eine starke kindliche Zuneigung, die sich darin äußert, daß sie auf mich zuläuft und mich begrüßen will, sowie sie meiner ansichtig wird. Ungeachtet dieses kindlichen Zuges hat sie sich im vergangenen Frühjahr fest mit dem Saatganter Calvin verlobt, und dieser nimmt es übel, daß seine Braut einen anderen, und sei es auch nur ein Mensch, freundlich begrüßt. Ich brauche Camilla nur an mich zu locken und zum Grüßen zu veranlassen, um bei Calvin das ganze eben beschriebene Eifersuchtsverhalten auszulösen und es Besuchern zu demonstrieren.

Der seine Gans in dieser Weise »hütende« Ganter ist in einer schwierigen und anstrengenden Lage. Er kann nicht einmal seine

Frau verlassen, um den Rivalen anzugreifen, weil die Ungetreue sofort ausbricht, wenn er von ihrer Seite weicht. Er kommt nicht zum Fressen, und da das Drama sich über viele Wochen hinziehen kann, magert er schließlich sichtlich ab. Von der Morgendämmerung bis spät in die Abenddämmerung sieht man solche Gänse in eiligem Verfolgungslauf die Gegend durchkreuzen, voran der von der Gans geliebte Rivale, schräg hinter ihm her die Gans und dazwischen der sie eifersüchtig hütende Ganter (23, 24, 25).

Besondere Intensität erreichen die Kämpfe zwischen rivalisierenden Gantern dann, wenn die Gans in ihrer Liebe noch mit sich selbst uneins ist. Die intensivsten Kämpfe, an die ich mich erinnere, fanden zwischen den beiden Gantern Blasius und Markus statt, die um die Gans Alma rivalisierten. Die beiden waren gleich stark, sahen einander sehr ähnlich, und Alma war sich offensichtlich selbst noch nicht im klaren, welchem der beiden sie ihr Herz schenken wollte. Zwischen diesen beiden Gantern sah ich einen Luftkampf, der leicht tödlich hätte enden können. Gänse können sehr wohl in der Luft kämpfen: Eine übersteigt die andere und stößt wie ein Raubvogel von oben auf sie herab, um ihr, knapp an ihr vorüberfliegend, einen Schlag mit dem Flügelbug zu versetzen. Als sich einmal ein solcher Kampf zwischen den beiden Brüdern ziemlich hoch in der Luft abspielte, gelang es Markus, Blasius einen solchen Flügelbugschlag zu versetzen, der ihn am Halsansatz, knapp vor dem Flügel traf. Dort sitzt das Geflecht der Nerven, von denen die vordere Extremität versorgt wird. Blasius stürzte mit völlig gelähmtem Flügel wie ein Stein etwa zwanzig Meter tief ab und fiel zu seinem Glück ins Wasser. Wäre er auf Felsen oder harten Kies gefallen, so wäre er ganz sicher tot gewesen. So hatte er nur eine Lähmung davongetragen, ein Flügel hing mehrere Tage lang schlaff herab, aber glücklicherweise verging sie nach einigen Tagen spurlos. Immerhin zeigt diese Beobachtung, daß Rivalenkämpfe zwischen Graugantern sehr wohl einen tödlichen Ausgang nehmen können. Daß Markus durch diesen Sieg auch die Braut errang, braucht kaum erwähnt zu werden.

Auf ebenem Boden spielt sich der Kampf anders ab. Eine Graugans besitzt zwei Waffen: den Schnabel, der sehr fest zubeißen kann, und den Flügelbug, anatomisch gesprochen, das Handgelenk, das

23
Das Eifersuchtsdrama Selma-Gurnemanz-Ado dauerte nahezu 14 Tage. Zunächst versuchte Gurnemanz noch, Ado im Fluge zu vertreiben. Da Selma ihrem Geliebten folgte, entstanden wilde Flugjagden, nach welchen die Gänse oft erschöpft landeten, wie hier im nahegelegenen Cumberland-Wildpark. Hier sieht man, wie Gurnemanz Selma wieder den Weg vertritt. Im Hintergrund stehen Schargenossen, die die Ereignisse interessiert verfolgen, wie das oft bei sozialen Auseinandersetzungen der Fall ist.

24
Wieder beißt Gurnemanz in seiner großen Erregung nach Selma. Im Hintergrund geht mit eingezogenem Hals der seiner Sache noch etwas unsichere Ado.

25
Am Abend des gleichen Tages geht Gurnemanz in extremer Duckmäuserhaltung in schnellem Schritt zwischen Selma und seinem Rivalen. Es sind die verzweifelten Versuche des inzwischen von Ado im Kampf besiegten Ganters, Selma zu hüten. Der siegreiche Nebenbuhler steht im Hintergrund in Imponierhaltung.

26
Bei sozialen Umschichtungen, wie es zum Beispiel das beschriebene Eifersuchtsdrama war, kommt es oft zur stärksten Form aggressiver Auseinandersetzungen, dem Flügelbugkampf. Die rivalisierenden Ganter packen sich gegenseitig mit den Schnäbeln am Hals-, Brust- oder Flankengefieder, ziehen sich mit eingekrümmten Hälsen zueinander heran und versetzen sich Flügelbugschläge, die ein weithin hörbares Krachen hervorrufen. Andere Gänse nehmen an solchem Geschehen regen Anteil und verfolgen den Kampf oft laut schnatternd.

mit einem kleinen dornartigen, mit dicker Hornhaut bekleideten Knochenvorsprung, dem sogenannten Carpaldorn, bewehrt ist. Die Ganter fassen einander mit den Schnäbeln, meist im Nacken (26), und ziehen dann den Gegner so nahe an sich heran, bis er sich genau in der richtigen Distanz für den Schlag mit dem Flügelbug befindet. Dann nehmen sie, um das Gleichgewicht zu halten, den einen Flügel weit geöffnet nach hinten, beugen den anderen im Handgelenk und schlagen nun mit der hornigen Waffe aufeinander los (27, 28). Man hört das Krachen und Klatschen der wuchtigen Schläge weithin, und andere Ganter kommen herbeigeeilt, um dem Kampf mit großer Erregung zuzusehen (29, 30). Besonders Gänse, die niedrig im Range stehen, tun das, während höherrangige, aber nur sehr selbstsichere und mutige Ganter sich manchmal einmischen. Das tun sie allerdings häufiger bei den oben beschriebenen Verfolgungsläufen, die ihnen offensichtlich durch die Unruhe, die dadurch in die Gänseschar gebracht wird, »auf die Nerven« gehen.

Die gewöhnlichen Rangordnungskämpfe steigern sich selten bis zu einem Duell mit Flügelbugschlägen, und selbst wenn sie das tun, dauern sie höchstens wenige Minuten. Dagegen können die Flügelbugkämpfe, die von Gantern ausgefochten werden, welche sich um dieselbe Gans bewerben, mehr als eine Viertelstunde dauern und bis zur völligen Erschöpfung beider Gegner führen. Nach einem solchen »Unentschieden« wird der Kampf häufig am nächsten Tage wieder aufgenommen.

Die erbittertsten aller Kämpfe finden in zwei ganz spezifischen sozialen Situationen statt. Erstens, wenn zwei Ganter in Streit geraten, die bis dahin durch ein homosexuelles Triumphgeschrei miteinander verbunden waren: Dann kehrt sich ihre Liebe in Haß um, und dieser Haß dauert merkwürdigerweise jahrelang an. In allen Fällen, in denen wir einen dauernden persönlichen Haß zwischen zwei Gantern beobachten konnten, brachte eine genaue Nachsuche in unseren Protokollen die Tatsache ans Licht, daß zwischen diesen beiden früher eine homosexuelle Bindung bestanden hatte.

Die zweite Situation, die zu so erbitterten Kämpfen führt, ist, wie schon gesagt, dann gegeben, wenn sich die umworbene Gans nicht sofort für einen der beiden Bewerber entscheiden kann. Auch

27
Um mit den Flügeln weit ausholen zu können, richten die kämpfenden Ganter den Körper steil auf und stützen sich so manchmal auf die Schwanzfedern.

28, 29, 30, 31
Gewaltige Flügelbugschläge werden ausgetauscht, bis einer der Kämpfenden aufgibt, sich abwendet und die Flucht ergreift.

bei Selma wechselte die Zuneigung einige Male zwischen ihrem rechtmäßigen Gatten Gurnemanz und ihrem neuen Bewerber Ado hin und her, und so kam es dann zu den dramatischen Kämpfen, die Sybille Kalas in ihren Bildern festhalten konnte. Die Kämpfe zogen sich über mehrere Tage hin, schließlich gab Gurnemanz auf und floh, während der Gegner ihn am Nackengefieder festzuhalten trachtete (31). Der Sieger stand dann vor Stolz gebläht in einer wahrhaft adlerähnlichen Pose da. Man sieht bei seiner Flügelstellung sehr gut beiderseits am Flügelbug die vorspringenden harten Hornwarzen, die wie Schlagringe wirken (32).

Der Besiegte sank, nachdem er genügend weit geflohen war, völlig erschöpft zu Boden (33). Er wurde dann auch von anderen Gänsen, die bisher in der Rangordnung unter ihm standen, angegriffen. Der arme Kerl, der in den bildlich dargestellten Kämpfen seine Frau verloren hatte, wehrte sich auch nicht gegen die allerschwächsten Gänse und verlor so, ganz wie es Ado zwei Jahre vorher getan hatte, mit der Gattin zugleich seine soziale Stellung.

Die eigentliche Fortpflanzungszeit folgt zwar bald nach der Phase der großen Aufregung, des Sich-Verliebens und der Eifersucht, ist aber doch ziemlich scharf von ihr abgesetzt. Die einzelnen Paare sondern sich von der Schar ab und beginnen nach Nistgelegenheiten zu suchen. Dabei zeigen die einzelnen Individuen oft sehr verschiedenen Geschmack und auch verschiedenes Geschick in der Auswahl des Ortes. Die meisten unserer Gänse begeben sich zur Nestsuche auf die mit Riedgras und Schilf bestandenen Moorinseln am Nordende des Almsees, nahe seinem Ausfluß, nur wenige brüten in den mitten in den Teichen stehenden und gegen Füchse gesicherten Nistkisten, die wir für sie in Oberganslbach aufgestellt haben. Der See ist deshalb auch der beste Ort, um das Fortpflanzungs- und Brutverhalten der Gänse zu beobachten (34).

Das Paarungsvorspiel beginnt damit, daß der Ganter eine stolze Haltung annimmt, die der des Höckerschwanes in manchen Punkten ähnelt, er hebt die Flügel an und krümmt den Hals in einem eleganten Bogen. Dabei wird das Halsgefieder so gesträubt, daß seine Rillen besonders deutlich hervortreten. In dieser Stellung beginnt der Ganter den Hals tief ins Wasser zu tauchen (35, 36). Die Gans reagiert

32
Hat der stärkere Ganter seinen Gegner in die Flucht geschlagen, verharrt er oft in der »Siegerpose« und kehrt dann mit lautem Triumphgeschrei zu seiner Gans zurück. Man sieht auf diesem Photo deutlich die harten Hornwarzen an den Flügelbugen, die beim Kampf eingesetzt werden.

33
Nachdem Ado Selma endgültig erobert hatte, brach Gurnemanz, den wir hier sehen, buchstäblich zusammen. Er sank in extremer Demutshaltung zu Boden, sowie er seinen Rivalen erblickte. Diese Haltung nehmen Gänse in extremen sozialen Stress-Situationen sowohl in körperlicher Erschöpfung als auch zum Ausdruck bedingungsloser Unterwerfung ein.

34
Bevor die Frühjahrshochwässer vom Toten Gebirge kommen, hat der Almsee seinen tiefsten Wasserstand erreicht. Die Gänse halten sich nun gern auf den Schlammbänken am Südufer auf, wo wir sie oft besuchen und viele Stunden in ihrer Gesellschaft verbringen. Hier ist ein guter Ort, während der Balzzeit die Neuverpaarungen und andere soziale Ereignisse zu verfolgen.

35
Die Paarung der Graugänse findet immer im Wasser statt. Der Ganter nimmt dabei zunächst die sogenannte Koggenhaltung ein, wobei der Hals in stolzer S-Form getragen wird und die Flügel etwas aufgestellt sind.

darauf, indem sie ebenfalls ihren Hals eintaucht, zuerst nur schüchtern und andeutungsweise, allmählich dann in immer größerer Erregung (37). Dann duckt sie sich flach hin und hält dem Ganter ihren Nacken entgegen, an dem er sich mit dem Schnabel festhält (38), worauf er die Gans besteigt (39) und die Kopulation vollzieht (40).

Die Begattung spielt eine verhältnismäßig geringe Rolle für den Zusammenhalt der Paare. Wenn frühreife junge Gänse, wie sie es manchmal tun, schon im ersten Jahr kopulieren, so besagt dies gar nichts für den späteren Zusammenhalt der betreffenden Tiere. Beobachtet man dagegen, daß zwei unreife Gänse die Zeremonie des »Triumphgeschreis« miteinander ausführen, so kann man mit einiger Sicherheit voraussagen, daß die beiden im späteren Leben zusammenhalten werden. Liebe und Sex sind auch bei den Gänsen zwei sehr verschiedene Dinge, die zwar nur im Verein einen gesunden Paarzusammenhalt gewährleisten, sich aber nicht selten voneinander unabhängig machen. Ein typischer Fall einer solchen Dissoziation liegt dann vor, wenn – was nicht allzuselten vorkommt – zwei Ganter sich »ineinander verlieben«, das heißt soviel wie, daß die beiden eine intensive Triumphgeschrei-Zeremonie miteinander ausführen. Im eigentlichen Sinne »homosexuell« sind sie nicht, da sie nie geschlechtliche Akte miteinander vollziehen. Obwohl dies anatomisch möglich wäre, sind Ganter grundsätzlich unfähig dazu, da keiner von ihnen bereit ist, sich in der oben beschriebenen und in Abbildung 38 dargestellten Weise flach hinzuducken. Es kommt zwar vor, daß sie bis zum Stadium des Hals-Eintauchens gelangen, aber dann will jeder den anderen besteigen, und daraufhin geben sie, manchmal nach einem kleinen Streit, den Begattungsversuch auf. Die enge Bindung zwischen ihnen wird jedoch durch diesen »kleinen Mißerfolg« keineswegs getrübt.

Solche Ganterpaare sind nun begreiflicherweise an Mut und Kampfeskraft jedem normalen Gänsepaar bei weitem überlegen, da jeder Ganter nicht nur mutiger und aggressiver, sondern auch schwerer und stärker ist als eine Gans. Daher nehmen Ganterpaare in der sozialen Rangordnung der Gänsesiedlung stets eine hohe Stellung ein, und es kommt gar nicht selten vor, daß eine unverheiratete Gans, von den Siegen der beiden Helden beeindruckt, sich in einen

36
Als nächste Phase des Paarungsvorspiels folgt das Halseintauchen. Der Ganter taucht den Hals ins Wasser, und wenn er ihn wieder aufhebt, fällt ein Wasserschleier über Hals und Kopf.

37
Die Gans (im Vordergrund) antwortet ebenfalls mit Halseintauchen.

38
Ist die Gans paarungsbereit, legt sie sich flach aufs Wasser und dreht den Nakken dem Ganter zu, damit er sich beim Aufsteigen mit dem Schnabel daran festhalten kann.

39
Nun steigt der Ganter auf.

40
Nachdem der Ganter aufgestiegen ist, biegt er seinen Schwanz seitlich unter den der Gans, preßt seine Kloakenöffnung auf die ihre und stülpt den spiralig aufgerollten Penis (eine Besonderheit der Entenvögel) aus. Nach der Kopulation läßt sich der Ganter von der Gans gleiten, richtet Hals und Schwanz hoch auf, hebt die Flügel an und äußert einen für diese Situation typischen Laut. Anschließend baden beide Gänse.

von ihnen verliebt. Normalerweise ist die aktive Liebeswerbung Sache des Ganters. Die Gans verhält sich passiv, und einem verliebten Weibchen stehen keine Verhaltensweisen zur Verfügung, durch die es, wie weiter oben vom Ganter beschrieben wurde, um die Gunst des Geliebten werben könnte. Alles, was sie tun kann, besteht darin, daß sie »wie zufällig« in der Nähe des betreffenden Ganters herumsteht und aufmerksam sein Verhalten mit den Augen verfolgt. Das »Spiel der Augen« spielt bei der Graugans wie bei anderen Vögeln offensichtlich eine sehr wichtige Rolle.

Wenn nun ein Ganterpaar in der oben beschriebenen Weise am Versuch zu kopulieren gescheitert ist, kann es vorkommen, daß eine solche verliebte Gans unvermittelt an die beiden heranschwimmt, sich flach hinduckt und dann tatsächlich von einem der beiden getreten wird. Dies kann sich wiederholen und zur Gewohnheit werden, und daraus entwickelt sich dann ein höchst merkwürdiges Verhältnis. Die beiden Ganter halten nach wie vor eng zusammen, und ihnen folgt unauffällig und oft auf große Entfernung eine einzelne weibliche Gans. Am Triumphgeschrei der beiden hat sie nicht teil, wird aber manchmal von einem der Ganter begattet. Nach der Begattung aber vollführt der betreffende Ganter niemals ihr gegenüber die schöne Zeremonie des Paarungsnachspiels, das der erfolgreichen Paarung eines durch Triumphgeschrei verbundenen, mit anderen Worten eines »verliebten« Paares unweigerlich folgt. In einem Fall beobachteten wir ein ganz merkwürdiges Verhalten des Ganters. Triumphgeschrei-Gemeinschaften können auch drei Ganter umfassen, und in Seewiesen hatten wir drei Ganter – Max, Kopfschlitz und Odysseus –, die als homosexueller Männerbund die ganze Gänsekolonie auf dem Ess-See beherrschten. Odysseus war nun in der oben beschriebenen Weise ein »liebloses Begattungsverhältnis« mit einer bestimmten Gans, namens Ona eingegangen. Er pflegte sie regelmäßig an einem bestimmten Ort, ziemlich weit weg vom gewöhnlichen Aufenthaltsort des Trios aufzusuchen und dort zu begatten. Unmittelbar nach dem Akt aber flog er quer über den See zu seinen beiden Kumpanen und vollführte ihnen gegenüber ein voll ausgebildetes Begattungsnachspiel: »Eigentlich habe ich Euch beide gemeint.« Eine solche ungeliebte Mätresse hat eine einzige Möglichkeit, in die Triumphgeschrei-Gemeinschaft der Ganter Aufnahme zu finden. Wenn sie damit Erfolg hat, einen Nestort zu finden und gegen andere nestsuchende Gänse zu verteidigen, was für eine einzelne Gans nicht leicht ist und ihr nur selten gelingt, und wenn sie weiterhin das Glück hat, daß ihr Geliebter sie brütend oder noch besser mit eben geschlüpften Kindern antrifft, so kann es geschehen, daß der Ganter die Kinder adoptiert, verteidigt und führt. Dies tun manchmal auch einsame, besonders verwitwete Ganter. Sie adoptieren also junge Gänse, die gar nicht ihre Kinder sind. Mit den adoptierten oder, wie in dem hier besprochenen Falle, eigenen, wenn auch gewissermaßen »unehelichen« Kindern entwickelt der Ganter nun ein regelrechtes Familien-Triumphgeschrei, wie wir es später noch zu beschreiben haben werden. In dieses darf nun auch die ungeliebte Mutter der geliebten Kinder mit einstimmen und wird so ganz allmählich zu einem gleichberechtigten Mitglied der Männergemeinschaft.

Man findet bei Wildgänsen verschiedener Arten sehr häufig Trios, die regelmäßig aus zwei Gantern und einer Gans bestehen. Sehr wahrscheinlich kommen sie immer, oder doch meistens, in der eben beschriebenen Weise zustande. Man kann nun diese »Ménages à trois« kaum als etwas Unnormales, noch weniger als etwas Pathologisches bezeichnen. Peter Scott fand auf Island bei Kurzschnabelgänsen sehr häufig solche Trios und stellte fest, daß diese in der Jungenaufzucht ganz besonders erfolgreich waren, da die Verteidigung der Familie durch zwei schneidige Ganter bei weitem wirksamer ist als durch einen allein.

Eine Entkoppelung von Liebe und Begattung kommt auch bei nicht homosexuell gebundenen Graugänsen vor. Bei Paaren, die früh eine feste Triumphgeschrei-Bindung eingegangen sind und auch sonst gut zueinander passen, ist der Mann meist – die Frau *immer* – auch in grob sexueller Hinsicht absolut monogam und treu. Wenn die Liebe nicht ganz so groß ist, etwa wenn der Ganter seine erste Liebe verloren und eine andere geheiratet hat, liegen die Dinge etwas anders. Er verteidigt dann zwar seine »rechtmäßige« Gattin mutig und treu, hilft ihr bei der Wahl des Nestortes, steht richtig Nestwache und hilft eifrig bei der Führung und Verteidigung seiner Kinder. Dieses einwandfreien Verhaltens zur Familie ungeachtet, ist er aber bereit, jede begattungswillige fremde Gans zu treten, die ihn dazu auffordert. Im übrigen kümmert er sich nicht um sie, verteidigt sie nicht, ja, er regt sich nicht einmal auf, wenn man sie vor seinen Augen fängt und wegträgt, wie ich es einmal versuchsweise getan habe. Seine »rechtmäßige« Gattin würde er in diesem Falle mit dem Einsatz seines Lebens verteidigen.

Eine solche Dissoziation zwischen Liebe und Begattung kommt interessanterweise bei männlichen Gänsen um sehr viel häufiger vor als bei weiblichen. Die ungeliebt begatteten Weibchen in den bisher beschriebenen Fällen sind nämlich ihrerseits nachweislich immer verliebt in den Ganter, von dem sie sich treten lassen, das heißt also, objektiv ausgedrückt, sie sind stets bereit, mit ihm Triumph zu schreien, sowie er seinerseits die geringste Andeutung dazu machen würde.

Anders als bei Säugetieren beginnt bei Vögeln, also auch bei Gänsen, die Schwangerschaft schon etwas vor der Zeit des sexuellen Aktes. Bei den meisten Fischen endet sie bekanntlich mit diesem, da die Eier und das Sperma gleichzeitig ausgestoßen werden. Vogeleier werden im Leib der Mutter erst zu einer Zeit befruchtet, zu der die Dotter schon ziemlich groß sind, deshalb beginnt sich der Bauch der Gans schon merklich vorzuwölben, noch ehe die Zeit der Kopulationen ihren Höhepunkt erreicht hat (41).

Das Paar beginnt nun eifrig nach einem Nestplatz zu suchen und erweist sich bei dessen Auswahl manchmal sehr geschickt, aber bisweilen auch recht unvorsichtig. Manche suchen sich eine sehr versteckte Niststelle, zum Beispiel dieses Weibchen (42), das hier nun schon zweimal mit Erfolg gebrütet hat. Manche Gänse nisten auf Inseln und ziemlich ungedeckt, das Wasser schützt sie nur bedingt vor dem Fuchs, die mangelnde Deckung nach oben aber macht das Nest für Krähen und Kolkraben zugänglich, die leider große Liebhaber von Gänse-Eiern sind. Manche Gänse bevorzugen isolierte und etwas erhöhte Niststellen, wie zum Beispiel die in unserem Eifersuchtsdrama erwähnte Selma (43). Leider nisten die Gänse fast ebensogern auf Halbinseln wie auf Inseln, sie verstehen offensichtlich nicht, daß ihr Nest dann dem Fuchs ohne weiteres zugänglich ist. In freier Wildbahn brütende Gänse wählen den Nestort immer so, daß

41
Zur Balzzeit im zeitigen Frühjahr beginnen die Eier im Bauch der Gans zu reifen und werden mit Dotter versehen, so daß man bald den typischen vorgewölbten Legebauch erkennen kann. Die hier abgebildete Gans Hexe hat am Hals einen kahlen Fleck, der dadurch entsteht, daß der Ganter jedesmal, wenn er zur Kopulation aufsteigt und sich am Halsgefieder festhält, einige Federn ausreißt.

42
Manche Gänse bevorzugen Nistplätze, die auf kleinen Inseln im Zuflußdelta des Almsees liegen und von niedrigem Erlen- und Weidengestrüpp gut gedeckt sind. Diese etwas scheue Gans verhält sich ganz ruhig, als wir uns dem Nest nähern, und beobachtet uns sehr aufmerksam.

sie zwar hinter lockerer Deckung verborgen sind, gleichzeitig aber doch nach allen Seiten freie Aussicht haben, daß sie also sehen können, ohne gesehen zu werden. Angesichts dieser Tatsache ist es merkwürdig, daß sie gerne allseitig geschlossene Nistkisten mit engem Eingang annehmen, allerdings nur, wenn diese mitten im tiefen Wasser als Pfahlbauten errichtet sind. Da wir begreiflicherweise Wert darauf legen, daß die Brut unserer Gänse erfolgreich ist, korrigieren wir allzu unvorsichtige Wahlen eines Nestplatzes, indem wir die Eier wegnehmen und hoffen, daß die Gans an einer besseren Stelle ein zweites Gelege beginnen und dort ungestört brüten werde.

Die Geschichte vom erfolgreichen Brüten einer bestimmten Gans ist hier vielleicht von Interesse. Sybille Kalas hatte der 1974 von ihr aufgezogenen Gans Alma ganz besondere Aufmerksamkeit gewidmet, um sie möglichst zahm zu erhalten. Wenn man mich fragt, worin diese Obsorge bestand, so lautet die einfache Antwort: etwa diejenige, die man einem jungen Hund angedeihen läßt, den man zu einem freundlichen und treuen Gefährten erziehen will. Man muß möglichst viel mit ihm spazierengehen, viel mit ihm sprechen und ihn womöglich in seinem eigenen Zimmer schlafen lassen. Dieselben bindenden Momente sind auch bei Gänsen wirksam: Je mehr man mit ihnen spazierengeht, je weitere Ausflüge man mit ihnen unternimmt, desto anhänglicher werden sie, und eine ähnliche Rolle spielt es, wenn man mit ihnen ruht. Mit den Gänsen zu schlafen ist also für den Gänsepfleger Pflicht, und die Hütten in Oberganslbach sind größtenteils zu diesem Zweck erbaut worden. Daß diese Pflicht auch recht unangenehm sein kann, zeigt Abbildung 104, Seite 149.

Alle diese Pflichten hatte Sybille Kalas bei Alma und ihren Geschwistern mit besonderer Genauigkeit erfüllt und erreicht, daß Alma noch außerordentlich anhänglich an sie war, als sie im Frühling 1976 zum ersten Male brütete.

Der wissenschaftliche Zweck des sehr erheblichen Aufwandes an Arbeit und vor allem an Zeit war es, eine Gänsefamilie zu bekommen, deren Eltern völlig zahm waren, so daß alle familiären Wechselwirkungen zwischen ihnen und ihren Kindern aus nächster Nähe und bis ins Feinste beobachtet und untersucht werden konnten. Dies

43
Andere Gänse brüten auf ungedeckten Bülten, wodurch sie die Umgebung gut überblicken können. Die zahme Selma schaut uns ohne Scheu entgegen. Man erkennt deutlich den Wall weißer Daunen, die sich die Gans im Laufe der Brutzeit an Brust und Bauch ausreißt, um damit das Nest auszupolstern.

zu tun war deshalb erwünscht, weil es für unsere soziologischen Untersuchungen sehr wichtig war, zu wissen, ob und in welcher Hinsicht die von uns Menschen aufgezogenen jungen Gänse sich zu uns anders verhielten als normal aufwachsende zu ihren wirklichen Eltern.

Eine glückliche Fügung wollte es, daß Alma sich mit einem gleichaltrigen, von Brigitte Kirchmayer aufgezogenen Ganter verpaarte, nämlich mit jenem Markus, von dessen erbitterten Kämpfen gegen den Ganter Blasius wir schon erzählt haben. Die ganze Mühe, die Sybille in der Erziehung Almas angewendet hatte, wäre umsonst gewesen, wenn sie sich in einen scheuen, von seinen Eltern aufgezogenen Grauganter verliebt hätte. Dieser hätte Almas Kontakte zu Sybille energisch durch das schon auf Seite 40 beschriebene eifersüchtige »Hüten« unterbunden. Markus aber war ein durchaus menschenfreundlicher Vogel, und wir freuten uns sehr, als die beiden zum Nisten einen Nistkasten wählten, der als Pfahlbau im Teich von Oberganslbach stand, gar nicht weit von der Hütte, in der Sybille wohnte. Alma hatte schon ihr erstes Ei gelegt, als sie, zu unserem großen Ärger, von einem Paar Nonnengänsen von ihrem Nest vertrieben wurde, das bald darauf seinerseits einem anderen Graugans-paar weichen mußte, welches Absichten auf denselben Nistkasten hatte. Dies spielte sich am 11. April 1976 ab, an einem Tag, an dem die Lufttemperatur um Null schwankte und hoher Schnee gefallen war. Sybille hatte keine der hohen, bis zur Brust reichenden Wathosen in der Hütte, wie sie Fischer gebrauchen und wie wir selbst sie zu benutzen pflegen, wenn wir an den Nistkasten in unseren Teichen zu schaffen haben. Eile tat not, und Sybille, die allein in Oberganslbach war, ging heroisch zur Verteidigung von Almas Nest vor, indem sie sich auszog, in das eiskalte Wasser stieg und die störenden Gänse vertrieb. Man stelle sich vor, dämmernder Morgen, null Grad Celsius, dichtes Schneegestöber und gut anderthalb Meter tiefes Wasser!

Die bösen Feinde waren vertrieben, aber der Schaden war geschehen: Alma ging nicht mehr an jenes Nest. Sie legte vielmehr mehrere hundert Meter stromaufwärts von Oberganslbach ein Notnest an, das bereits drei Eier enthielt, als wir es fanden. Das Nest lag auf trockenem Land ziemlich deckungslos am Ufer der Alm und

wäre ganz sicher von Füchsen oder Kolkraben oder beiden gefunden worden. So nahm Sybille die Eier fort und legte sie in den Nistkasten, in dem Almas erstes Ei noch lag. Zu Sybilles großer Freude legte Alma dann ihr fünftes Ei wieder in die Kiste, zu unserem großen Ärger aber nur, um noch einmal von den »bösen« Nonnengänsen vertrieben zu werden. Daß dies möglich war, lag zum großen Teil auch daran, daß Markus zwar zu den Menschen zahm und freundlich, Gänsen gegenüber jedoch ein ausgesprochener Feigling war; ihm mangelten intensive Brutpflegetriebe, was sich auch später bei der Jungenaufzucht kundtat.

Wir dachten alle, daß Alma in jenem Sommer nicht brüten werde, doch zehn Tage später begann sie ein neues Nest auf einer Almsee-Insel zu bauen, in das sie auch legte und auf dem sie brütete. Da uns an dieser Brut besonders viel gelegen war, besuchten wir das Nest täglich, wobei sich zeigte, daß Alma gegen Sybille völlig freundlich war und ihr ohne Gegenwehr gestattete, daß sie die Eier einzeln herausnahm und durchleuchtete oder aber – – beroch! Ein faules Ei kann im Nest explodieren, und das hervorspritzende faule Eiweiß kann dann die Poren der anderen Eier verkleben, so daß die Embryonen ersticken. Abbildung 44 zeigt, wie Sybille mit der einen Hand Alma füttert, während sie unter die Gans schnuppert, ob ein Ei faul geworden sei.

Auch zur Brutpause pflegte Alma Sybille aufzusuchen und ihr Gesellschaft zu leisten. Der zahme, aber temperamentlose Markus hatte weiter nichts dagegen einzuwenden. Die Brutpause gehört als notwendiger Teil zu den Brutpflegehandlungen der Gans. Die Eier müssen auskühlen, wobei sich die Luft in der Gaskammer zusammenzieht, so daß Frischluft durch die Poren der Eischale eingezogen wird. Man muß auch beim künstlichen Bebrüten von Gänseeiern die regelmäßigen Brutpausen entsprechend nachahmen. Während der Pause geht die Gans nicht nur weiden und trinken, sondern pflegt auch zu baden, so daß bei ihrer Rückkunft die Eier benetzt werden.

Bevor die Gans das Nest zur Brutpause verläßt, bedeckt sie die Eier sorgfältig mit den Daunen, mit denen das Nest ausgepolstert ist und die es in einem Wall umgeben. Diese Daunen rupft sie sich zur Zeit des Brutbeginns selbst aus dem Bauchgefieder und stopft sie

44
Alma ist so zahm, daß Sybille Kalas ihre Eier kontrollieren kann, ohne daß die Gans vom Nest aufsteht. Wenn man die Eier beriecht, kann man am schnellsten feststellen, ob ein faules Ei im Nest ist. Alma frißt während der Nestkontrolle ihrer ehemaligen Pflegemutter aus der Hand.

45
Obwohl Alma mich kennt, vertreibt sie mich mit Bissen und Flügelbugschlägen von ihrem Nest, auf dem sie sich wenige Minuten vorher von ihrer »Pflegemutter« Sybille füttern ließ.

46
Mehrmals täglich wendet die Gans die Eier im Nest um, indem sie den Schnabel darunterschiebt und die Eier zu sich heranzieht. Mit der gleichen Bewegung werden auch Eier, die aus dem Nest gefallen sind, zurückgerollt. Durch häufiges Wenden der bebrüteten Eier wird verhindert, daß die Eihäute an der Schale festkleben.

47
Während der Brutzeit besuchen wir die zahmen Gänse täglich am Nest und füttern sie auch ab und zu. Besonders gerne mögen sie es, wenn sie mit uns die Brutpausen verbringen können. Wenn die Gössel dann schlüpfen, ist die Mutter so an unsere Anwesenheit gewöhnt, daß wir die Familie ohne Schwierigkeiten aus der Nähe beobachten können.

zwischen und unter die Eier. Während der Brutpause wirkt die Daunenschicht weniger als Wärmeschutz – die Eier sollen ja auskühlen – als vielmehr als Sichtschutz gegen räubernde Raben und Krähen. Wenn die Gans nach einer Pause von wechselnder Länge, von zehn Minuten bis über eine Stunde, zum Nest zurückkehrt, bleibt sie meist lang über den Eiern stehen, um sich das Bauchgefieder gründlich zu putzen; dann rollt sie die Eier, indem sie mit dem Schnabel unter ein Ei fährt und es zu sich herrollt (46). Sehr zahme Gänse lassen sich auf dem Nest füttern, und wir benützen dies, um sie abzulenken, wenn wir die Eier kontrollieren (47).

Das Bedecken der Eier mit den Daunen und Nestmaterial schützt vor Krähen und Raben, die optisch nach Beute suchen, nicht aber vor Raubsäugetieren, die sich nach dem Geruch orientieren. Der schöne Kolkrabe, der an anderen Orten schon so selten geworden ist, kommt im Almtal noch häufig vor; im Naturwildpark sammeln sich besonders viele Vögel dieser Art an, die durch das Futter der Bären, Wölfe und anderer Raubtiere angelockt werden. Alte Kolkraben haben eine wunderbare Technik, halb abgenagte Knochen aus dem Wolfsgehege zu stehlen, wenn gerade keines der Raubtiere hinschaut, jüngere unerfahrene bezahlen diese Frechheit häufig mit dem Leben. Raben sind wunderbare Vögel, aber wir sehen es begreiflicherweise ungern, wenn sie auf Bäumen in der Nähe von Gänsenestern sitzen (48), denn allzuoft haben wir dann in der Umgebung Gänseeier gefunden, die so aussehen wie in Abbildung 49. Gänse kennen Raben und Krähen sehr wohl als Nestfeinde, wir wissen nicht, ob erst nach einigen üblen Erfahrungen oder angeborenermaßen. Wir haben oft gesehen, daß Gänse, und zwar nur solche, die ein Nest mit Eiern bebrüteten, Krähen oder Raben fliegend angriffen, wenn sie diese in exponierter Stellung hoch auf Bäumen sitzen sahen. Eine Wildgans, die im Fluge auf einen Raben stößt, war für mich ein neuer Anblick. Die Raben nahmen diese Angriffe durchaus ernst und taten sicher wohl daran, wenn man in Betracht zieht, was wir über die Wirksamkeit des Flügelbugschlages einer Graugans wissen.

Nach ungefähr einem Monat schlüpfen die Gössel. Zu dieser Zeit stellt sich dann auch der Ganter am Nest ein (50). Woher er weiß, daß es an der Zeit ist, vermögen wir nicht zu sagen. Von einer

48
Wenn die Gänse mit dem Legen begonnen haben, erscheinen bald Kolkraben und Krähen in der Nähe der Nester und warten auf eine günstige Gelegenheit, aus den unbewachten Nestern Eier zu stehlen. Mehrmals beobachteten wir, wie Ganter, die im Brutrevier Wache standen, Raben und Krähen im Fluge angriffen und vertrieben.

49
Trotz aller Wachsamkeit der Gänse gelingt es den Raben und Krähen nicht selten, Eier zu stehlen und zu verspeisen. Die aufgebrochenen Eier finden wir dann häufig in der Nähe der Nester.

»inneren Uhr« ist dies sicher nicht abhängig, denn der Vater stellt sich auch dann zeitgemäß ein, wenn man die Eier gegen solche vertauscht hat, die erheblich früher schlüpfen. Sehr wahrscheinlich erhält er Nachricht, daß die Jungen geschlüpft sind, durch deren Stimmen – vielleicht unmittelbar, wenn er einmal in die Nähe des Nestes kommt, vielleicht mittelbar durch die Mutter, die die Kinder im Ei piepen hört und die Nachricht weiterleitet. Die Mutter tritt nämlich mit den Jungen in Kommunikation, lange ehe sie das Ei verlassen haben. Sie sagt leise Stimmfühlungslaute zu ihren Kindern im Ei, und diese verfügen bereits über mehrere Lautäußerungen, die der Mutter mitteilen, ob es ihnen gut oder schlecht geht. Wenn die Jungen den »Weinlaut«, das sogenannte »Pfeifen des Verlassenseins«, hören lassen, antwortet die Mutter wie tröstend mit Stimmfühlungslauten, auf die die Ungeborenen manchmal mit Grußlauten antworten. Wenn ein Gössel in einem noch ungepickten Ei weint, so reagiert die Mutter häufig damit, daß sie das Ei wendet. Sind die Jungen geschlüpft oder im Schlüpfen begriffen, so erhebt sich die Gans ein wenig, lüftet die Flügel (51) und blickt unter sich auf die Kinder. Manchmal beknabbert sie sie sehr vorsichtig. Ihr besonderes Interesse gilt aber den leeren Eischalen, die rasch aus dem Nest entfernt werden müssen, weil sie eine gewisse Gefahr für die schlüpfenden Jungen darstellen. Dabei kann ein Unglück passieren: Wir haben es einmal erlebt, daß eine Gans mit der Eischale ein noch halb in ihr steckendes Gössel aus dem Nest ins Wasser warf.

Im Laufe des ersten Tages nach dem Schlüpfen werden die Jungen allmählich unruhig, kommen immer öfter unter der Mutter hervor und machen kleine Ausflüge (53), aber nur in die nächste Umgebung der noch auf dem Nest sitzenden Mutter. Dann kommt der große Moment, an dem sich diese erhebt und ganz langsam mit Stimmfühlungslauten das Nest verläßt. Die Jungen folgen ihr nun dicht aufgeschlossen (52).

Während der ersten Lebenstage müssen die kleinen Gössel sehr oft, etwa alle 15 bis 20 Minuten, gewärmt werden. Oft stecken sie den Kopf aus dem Gefieder der Mutter, richten gezielt ihr grüßendes Schnattern an das Gesicht der Mutter und bekunden damit ihre Familienzugehörigkeit (54). Erhebt sich die Mutter und setzt sich

50
Wenn die Gänschen sich auf das Schlüpfen vorbereiten und beginnen, im Ei Laute zu äußern, stellt sich der Ganter, der bisher in großer Entfernung vom Nest gewacht hat, bei seiner Frau ein. Ado bedroht uns zischend, als wir uns dem Nest seiner Frau Selma nähern.

51
Sehr zahme Gänse, wie hier Cressida, dulden es, wenn man sie am Nest besucht, um die frisch geschlüpften Gänsekinder zu betrachten. Diese beiden sind vor etwa einer halben Stunde geschlüpft. Die Daunen sind noch von den Federscheiden umgeben, die aber bald als feiner Staub abfallen werden. Das Gänschen links fixiert schon mit einem Auge seine Mutter, die zu ihm hinblickt; das rechte beknabbert trockenes Gras am Nestrand. Beides sind Verhaltensweisen, die für die kleinen Gänschen lebenswichtig sind. Die eine, um die Mutter kennenzulernen, die andere, um zu lernen, was freßbar ist und was nicht.

52
Diese Familie hat gerade gemeinsam das Nest verlassen. Geführt vom Ganter, der jetzt sichernd neben Frau und Kindern steht, sind sie zum Ufer des Wasserarmes geschwommen, der die Brutinsel umgibt. Die Mutter setzt sich sogleich nieder, um die Kinder unterkriechen zu lassen. Diese sind aber noch nicht müde und beknabbern vorerst noch neugierig das trockene Gras am Ufer.

60, 61
Längere Strecken legen die Gänse meist schwimmend zurück. Dabei führt oft der Vater die Familie an, wie hier Ado, der sichernd vorausschwimmt, während Selma sich hinter den Kindern hält.

tiefem Schnee mit fünf Kindern vom Naturwildpark fort und kam mit nur dreien in Oberganslbach an. Man könnte glauben, daß für diese Wanderung die Sehnsucht der Gänse nach Oberganslbach ausschlaggebend sei, nach dem Orte, an dem viele von ihnen ihre Kindheit verlebt haben. Ein einziges Paar, das in Oberganslbach gebrütet hatte, zog mit seinen Jungen zum Almsee hinauf, keiner der beiden Eltern aber war in Oberganslbach aufgewachsen.

Nicht nur weil die Wanderung gefährlich ist und öfter kleine Gössel auf ihr verunglücken, sondern auch weil dieses Verhalten der Gänse an sich interessant ist, machte sich Sybille Kalas daran, die Wanderung vom Almsee nach Oberganslbach, die jedes Jahr von einigen Gänsepaaren unternommen wird, näher zu studieren. Die Gänse brachen meistens schon am frühen Morgen auf, in einem einzigen Falle erst am späten Nachmittag, und das tat im Jahre 1977 Selma mit ihren neuen Kindern und mit ihrem neuen Gatten Ado. Selma ist eine Ziehschwester Almas und an Frau Kalas fast so anhänglich, wie es diese gewesen war. Sybille Kalas wußte, daß die Gänse unterwegs waren, und ging ihnen entgegen. Sie fand sie auf einer Insel, die von besonders starker Strömung umflossen war, in die sich die Gänse offensichtlich nicht hineinwagten. Sie lockte geduldig zwei Stunden lang, aber ohne Erfolg; die Gänse gingen öfters ans Ufer, versuchten ins Wasser zu gehen und kehrten wieder um. Da fing Sybille kurzerhand die drei Kinder, trug sie über die Strömung und ließ sie am Ufer frei. Die Eltern folgten sofort und versuchten dann ihre Kinder auf einer von vielen Autos befahrenen Straße heim nach Oberganslbach zu führen. Frau Kalas verhinderte dies und trieb sie zum Fluß, wo die Familie sofort ins Wasser ging und ruhig und zielstrebig stromabwärts, Richtung Oberganslbach schwamm. Da die Alm viel schneller fließt, als selbst die langbeinige Sybille zu laufen vermag, waren die Gänse ihr bald weit voraus. Da stieß Selma Distanzrufe aus, und die Gänse warteten, bis Sybille wieder bei ihnen war. Noch einmal mußten die Gänse daran gehindert werden, auf der Straße weiterzugehen, die zwar genau in Richtung Oberganslbach führte und sehr bequem war, deren Gefährlichkeit die Gänse aber nicht einzuschätzen wußten. Sie gingen dann, ohne jemals die Richtung zu verlieren, durch den Wald auf einem

Wege, den nur die Mutter, und diese nur als kleines Junges und in entgegengesetzter Richtung gegangen war. Der ganze Konvoi erreichte erst in später Dämmerung Oberganslbach, wo Ado und Selma zuerst erleichtert badeten, dann zu Sybilles Hütte abendessen und schließlich auf der sicheren Insel schlafen gingen. Leider haben wir von dieser großartigen Reise Sybillens mit den Wildgänsen keine photographischen Dokumente; da sie auf dem Wege mehrmals die Alm durchwaten mußte, bis über die Körpermitte in reißendem Wasser, war es gut, daß sie ihre wertvolle Kamera nicht dabei hatte!

Schon in den ersten Lebenstagen beginnen die Geschwister eine soziale Rangordnung aufzustellen. Ihre ersten Kämpfe finden häufig am frühen Morgen, ja sogar in der Dämmerung statt, so daß sie sich unserer Beobachtung entzogen, bis Frau Kalas sie 1971 entdeckte. Ganz plötzlich fangen die kleinen Küken an, wild zu kämpfen, meist gewissermaßen alle gegen alle.

Sehr merkwürdig ist die Reaktion der Eltern auf diesen Vorgang, der ihnen offensichtlich unheimlich ist. Sie blicken erregt und gespannt auf die kämpfenden Küken, breiten oft die Flügel aus und zischen, das heißt, sie verhalten sich genauso, als wäre ein kleines Raubtier, das sie nicht sehen können, zwischen die Küken geraten (62). Niemals aber greifen sie hindernd in den Kampf der Küken ein, außer daß die Mutter unterlegenen Küken, die aus dem Kampfe flüchten und unter sie kriechen wollen, passiven Schutz bietet.

Die kleinen Gössel zeigen bei ihrem Kampf bereits genau dieselben Kampfbewegungen wie erwachsene Gänse. Sie vermögen schon so gut wie diese zu beißen und an den Federn des Gegners zu reißen (63). Sie versuchen auch, einander, ganz wie erwachsene Ganter es tun, mit dem Flügelbug zu schlagen. Das geht aber nicht, weil die Flügelchen noch viel zu kurz sind. Sie packen den Gegner mit dem Schnabel und halten ihn dorthin, wohin bei den Proportionen des erwachsenen Vogels der Dorn an ihrem Mittelhandknochen treffen würde. Sie beugen auch den Flügel im Handgelenk so ab wie Erwachsene, schlagen sich jedoch dabei wegen der Kürze des Flügelchens nur an die eigene Seite. Den anderen Flügel halten sie wie Erwachsene zum Gleichgewicht-Halten gerade nach hinten (64).

62
In den ersten Lebenstagen fechten die Gössel Rangordnungskämpfe aus. Die Eltern verfolgen diesen Vorgang neugierig, greifen aber niemals ein.

63
Die kämpfenden Gössel packen sich am Nackengefieder und versuchen, sich mit den Flügelbugen zu schlagen, genau wie es erwachsene Gänse tun.

64
Das Gänschen rechts holt gerade zu einem Flügelbugschlag aus, kann sein Geschwister jedoch nicht treffen, da die Flügelchen noch viel zu kurz sind.

65
Nun sind Almas Kinder 14 Tage alt, und es wird ein wenig eng unter Mutters Flügeln.

66
In der Mittagshitze legen sich die Gössel gern in den Schatten der Eltern.

Die Kinder werden von der Mutter gewärmt, solange sie unter ihren Flügeln Platz finden (65). Wenn sie gewärmt werden wollen, äußern sie ein leises Trillern, den sogenannten Schlaflaut, und drängen sich von hinten an die Mutter heran. Wenn es ihnen bei starkem Sonnenschein zu heiß wird, legen sie sich häufig in den Schatten der Eltern, woferne diese lang genug ruhig stehenbleiben. Das tun sie oft – ob sie dabei ihren Kindern absichtlich Kühlung spenden, wissen wir nicht (66). Der einzige Vogel, der dies wirklich nachweislich tut, ist der weiße Storch.

Es ist hier vielleicht der Ort, ein paar Worte über das Führen der Jungen durch die Gänse-Eltern zu sagen. In den allerersten Tagen liegt die Initiative zum Weggehen und die Bestimmung der Richtung fast nur bei den Eltern, aber auch zu dieser Zeit nur »fast«! Je älter die Kinder werden, desto mehr neigen sie zu selbständigem Handeln, und dies tritt besonders dann hervor, wenn es ihnen zu heiß wird. Besonders zu der Zeit, wo die Pelzdaunen sprießen, die jungen Gänse also gewissermaßen ein doppeltes Gefieder tragen, wird es ihnen sehr leicht zu heiß, auch an Orten, deren Temperatur ihren Eltern durchaus zusagt. Dann gehen sie energisch in den Schatten und zwingen die Eltern durch anhaltendes Weinen, ihnen nachzukommen. Mit zunehmendem Alter wächst der Einfluß der Jungen auf das Gesamtverhalten der Schar. Welche Einflüsse die Eltern auch späterhin auf die Jungen ausüben, ist Gegenstand unseres besonderen Interesses. Die rührende Niedlichkeit des ganz jungen Gänschens (67) wandelt sich schon in vier bis fünf Tagen zu einem ganz anderen Ausdruck, wie er in der Aufnahme eines viertägigen Gänschens dargestellt ist (68).

Ebensoschnell wie ihr Äußeres verändert sich auch das Verhalten der Gössel. Man ist immer wieder erstaunt, wie rasch aus den niedlichen Daunenbällchen ein stolzer Vogel wird, der hoch in der Luft dahinfliegt. Die Entwicklung des individuellen Verhaltens, mehr noch diejenige der Struktur der Gänsefamilie und vor allem ihrer Kommunikationsweisen sind für uns von größter Bedeutung. Dadurch daß unsere Gänse-Eltern ihre Kinder an die Stätte ihrer eigenen Kindheit zurückführen und bei uns in Oberganslbach aufziehen, wo auch die menschlichen Pflegemütter mit ihren Gänsekindern

67
Rund und flaumig wie ein eben aufgeblühtes Weidenkätzchen sehen ganz junge Graugänschen aus.

68
Mit vier Tagen hat das Gössel schon ein »Gänsegesicht« bekommen.

69
Charakteristisch für die Strauchschicht der Waldränder und des lichten Waldes des oberen Almtales ist die Berberitze (Berberis vulgaris L.), deren zahlreiche gelbe Blüten einen typischen, zeitweilig ganze Gebiete beherrschenden Duft verbreiten.

leben, können wir besonders gut Vergleiche ziehen und herausfinden, was wir wohl alles bei unserer Gänse-Erziehung falsch machen. Eine junge Mitarbeiterin, Colombe Smith, hat einmal mit todernster Stimme zu mir gesagt: »Ich muß noch sehr viel lernen – von Hexe.« Hexe ist, wie erinnerlich, die Gans, die in tiefem Schnee mit ihren Kindern vom Wildpark nach Oberganslbach marschiert war.

Oberganslbach ist schon in der Abbildung 2 gezeigt worden. Die jungen Wissenschaftler, die dort arbeiten, wohnen in ganz reizenden kleinen Hütten, die von Oberforstmeister Hüthmayer entworfen und bei unseren Teichen aufgestellt worden sind (73).

Die vom Almsee zugewanderten Gänsefamilien partizipieren an derselben Futterkrippe, an der sich die künstlich aufgezogenen Gänse ernähren (74, 75). Die schönste Vegetation umgibt die Hütten und Teiche. Dicht um die Hütten herum blühen Berberitzen (*Berberis vulgaris* L.) (69), Enzian (*Gentiana clusii* L.) (70), der anderswo so selten gewordene Frauenschuh (*Cypripedium calceolus* L.) (71) und die Narzisse (*Narcissus poeticus* L.) (72). Die zuletzt genannte Blume blüht besonders gut auf Gänsewiesen, da die Gänse ihre Blätter nicht anrühren, das umgebende Gras aber kurz halten.

An diesem reizenden Ort entwickelt sich nun jedes Jahr ein merkwürdiges Zusammenleben von Gänsen und Menschen. Gänsefamilien, besonders solche, deren Väter Brüder, Vater und Sohn oder die sonst eng miteinander befreundet sind, vereinigen ihre Jungen in einer Art Kindergarten. Zwar vermischen sich die Kinderscharen nicht, und niemals kriecht ein wärmebedürftiges Gänseküken unter eine andere Gans als unter die eigene Mutter. Doch bleiben die Familien in sehr engem Kontakt, so daß im Fall der Gefahr eine interessante kommunale Verteidigungsreaktion möglich wird. Stößt ein Raubvogel auf die Gänse, so bilden die Gössel aller Familien sofort einen dicht gedrängten Knäuel, während sämtliche Elterntiere mit ausgebreiteten Flügeln einen Kreis um sie bilden. Durch ihr aufgeregtes Schreien und Zischen sind sie wohl imstande, selbst einen großen Räuber abzuschrecken. Wir haben diese Reaktion durch einen ausgestopften Habicht ausgelöst, der auf Rollen einer entsprechend gespannten Drahtleitung entlangglitt. Davon haben wir einen guten Film, aber leider keine reproduzierbaren Standbilder.

70, 71, 72
Dicht um die Hütten herum blühen in Oberganslbach Enzian (Gentiana clusii L.), Frauenschuh (Cypripedium calceolus L.) und Narzisse (Narcissus poeticus L.).

73
Sybille Kalas im Eingang ihrer Gänsehütte in Oberganslbach. In dieser und weiteren zwei Hütten wohnen von März bis September die mit den Gänsen arbeitenden Wissenschaftler und Hilfskräfte. Hier bietet sich neben der Möglichkeit einer ungestörten Aufzucht junger Gänse auch Gelegenheit, das Verhalten der übrigen Gänse der Grünauer Schar zu beobachten.

74
Alma und Markus kommen mit ihren drei Kindern Flicka, Astro und Aurel ohne Scheu zur Hütte, um dort zu fressen. Die Eltern haben schon ihre Schwungfedern abgeworfen, und bei den Kindern beginnen gerade die Schwanzfedern und Flügeldeckfedern zu sprießen.

75
Beim Fressen aus einer kleinen Schüssel lassen die Eltern den Kindern den Vortritt.

76
Almas Kinder sind nun 5 Wochen alt. Das Gefieder ist bis auf die Schwungfedern schon fast vollständig. Am Hals und am Hinterkopf sitzen noch die gelben Daunen, wodurch die Gänse in diesem Alter oft merkwürdig komische »Frisuren« haben.

77
Wenn die Kinder schlafen, steht Alma gern auf einem erhöhten Punkt und hält Wache. Hier droht sie zischend auf eine fremde Gänsefamilie.

78
Während Alma und die Kinder sich putzen, sichert Markus gespannt in den Wald.

Diejenigen unter unseren Gänsevätern, die selbst von Menschen aufgezogen wurden, und im geringeren Maße auch andere einigermaßen zahme pflegen sich an menschliche Pfleger, die kleine Gössel führen, anzuschließen, in derselben Weise, in der sie die Gesellschaft anderer Junge führender Ganter aufsuchen. Es entwickelt sich dann ein wahrhaft idyllisches Zusammenleben (76). Selbstverständlich benehmen sich dann die Gänschen führenden jungen Wissenschaftler genau nach dem Vorbild der Gänse, und es ist ein merkwürdiger und hocherfreulicher Anblick, das geruhsame Dahinwandeln einer solchen aus Gänsen und jungen Menschen zusammengesetzten Schar zu beobachten.

Innerhalb weniger Wochen wird das Daunenkleid der jungen Gänse von den endgültigen Federn verdrängt. Diese sprießen aus denselben Federpapillen wie die Daunen, die daher zunächst an den Spitzen der heranwachsenden Federn sitzen, bis sie schließlich abfallen. Am längsten bleiben sie am Hinterkopf und den oberen Halspartien erhalten. Wenn die Kinder so groß geworden sind, daß sie nicht mehr unter dem Flügel ihrer Mutter gewärmt werden müssen, verlieren die Eltern ihre Schwungfedern (79). Gesunde Gänse werfen alle Schwungfedern nahezu gleichzeitig ab. Meist geschieht dies, während die Gänse mit den Flügeln schlagen oder sich putzen. Die Flugunfähigkeit hindert den Familienvater nicht, seinen Dienst als Bewacher und Betreuer der Familie auszuüben. Der Ganter, der hier (78) gespannt in den Wald hinein sichert – es ist Markus, der Gatte Almas –, hat bereits keine Schwungfedern mehr. Knapp eine Woche nach dem Schwingenabwurf sieht man, wenn die Gans sich putzt, daß die neuen Federn bereits ein gutes Stück hervorgesprossen sind (80). Dann dauert es zwischen drei und vier Wochen, bis die Eltern wieder fliegen können, und das ist der Fall, wenn die Schwungfedern noch etwa zweieinhalb Zentimeter zu wachsen haben. Zeitlich fällt dies mit dem Flüggewerden der Jungen zusammen, und darin ist eine große Zweckmäßigkeit der Natur zu sehen.

Dennoch beginnt jetzt für die jungen Gänse eine etwas gefährliche Periode. Das Fliegen im eigentlichen Sinne brauchen sie nicht zu lernen, die Bewegungskoordination des Abfluges, des Geradeausfliegens, des Bremsens und des Landens sind völlig angeboren. Was

79
Einmal im Jahr, im Juni, verlieren die Gänse alle Schwungfedern und werden flugunfähig, bis nach etwa 4 Wochen die neuen Federn gewachsen sind. Eine gesunde Gans verliert alle Schwungfedern auf einmal, meist wenn sie sich putzt oder schüttelt.

80
Alma hat beim Putzen einen Flügel aus der Tasche des Flankengefieders genommen. Man erkennt deutlich die blauen Blutkiele, die am Ende schon geplatzt sind und so die Spitzen der neuen Schwungfedern freigeben. Etwa 3 bis 4 Wochen später wird Alma wieder flugfähig sein.

aber gelernt werden muß, ist das richtige Bemessen von räumlichen Entfernungen, von Höhenunterschieden und besonders auch von Windverhältnissen. Daß man nur gegen den Wind landen und beim Landen mit dem Wind einen ganz fürchterlichen Purzelbaum schlagen kann, müssen junge Gänse lernen. Der menschliche Pfleger kann ihnen dies zwar erleichtern, indem er sie zum Landen auffordert, wenn sie niedrig über dem Boden gegen den Wind auf ihn zugeflogen kommen: Wenn man sich dann rasch niederhockt oder auf den Boden wirft, so reagieren die jungen Gänse darauf wie auf das Landen ihrer führenden Eltern. Sie landen dann gewissermaßen um jeden Preis. Begreiflicherweise ist der Augenblick, in dem die Eltern landen, insofern kritisch, als er die Gefahr mit sich bringt, daß Junge, die nicht zu landen wagen, den Zusammenhalt mit den führenden Eltern verlieren. Ich habe den etwas grausamen Versuch gemacht, in der beschriebenen Weise junge Gänse zum Einfallen mit dem Wind zu veranlassen, was, wie gesagt, zu einer »Bruchlandung« führen muß. Die damals von mir geführten vier jungen Gänse waren unbeschädigt, aber sie hatten nachweislich das Vertrauen zu mir verloren! Ich konnte sie in der nächsten Zeit nicht mehr durch rasches Hinhokken zum Landen veranlassen.

Eine sehr interessante Einwirkung der führenden Eltern auf die eben flugfähig werdenden Jungen hat Sybille Kalas nachgewiesen. Wenn die Kinder fliegen wollen und durch Schnabelschütteln und Flügelausbreiten ihre Flugintentionen kundtun, geben die Eltern Warnlaute und halten dadurch die Jungen vom Abfliegen zurück. Von handaufgezogenen jungen Gänsen wissen wir, daß sie schon viel früher fliegen können, noch ehe die Schwingenspitzen so weit gewachsen sind, daß sie sich bei geschlossenen Flügeln kreuzen. Sie fliegen dann oft selbständig los, und Unglücksfälle sind dabei leider nicht allzuselten. Einmal ist eine junge Gans in Stockhöhe gegen eine Hauswand geflogen; man sah dann dort die Abdrücke ihrer bremsend vorgestreckten Füße, vertikal darunter lag die Leiche. Todesursache war eine Leberruptur.

Solche Unfälle werden durch die warnende und bremsende Einwirkung der Eltern weitgehend verhindert, sie kommen bei familienaufgezogenen jungen Gänsen viel seltener vor als bei handaufge-

81
Nimmt die Gans die Schwingen aus den Tragfedertaschen, sieht man den besonders schönen sichelförmig gebogenen Daumenfittich.

83
An den Spitzen der Konturfedern des Jugendkleides sitzen noch die Erstlingsdaunen, denn beide Federn werden von derselben Papille gebildet, und die Feder schiebt die Daune sozusagen vor sich her.

84
Wenn die letzten Daunen abgefallen sind, ist das Jugendgefieder makellos glatt. Nie mehr im Leben wird die Gans ein so ebenmäßiges Gefieder haben, denn nie mehr sind alle Federn gleich alt, da die Mauser des Kleingefieders erst Ende Juni, also nach der der Schwungfedern einsetzt.

85, 86
Alle unsere Gänse tragen einen Aluminiumring der Vogelwarte Radolfzell mit einer Nummer und drei Farbringe, aus deren Kombination das Geburtsjahr, die Art der Aufzucht und die Familienzugehörigkeit abgelesen werden können.

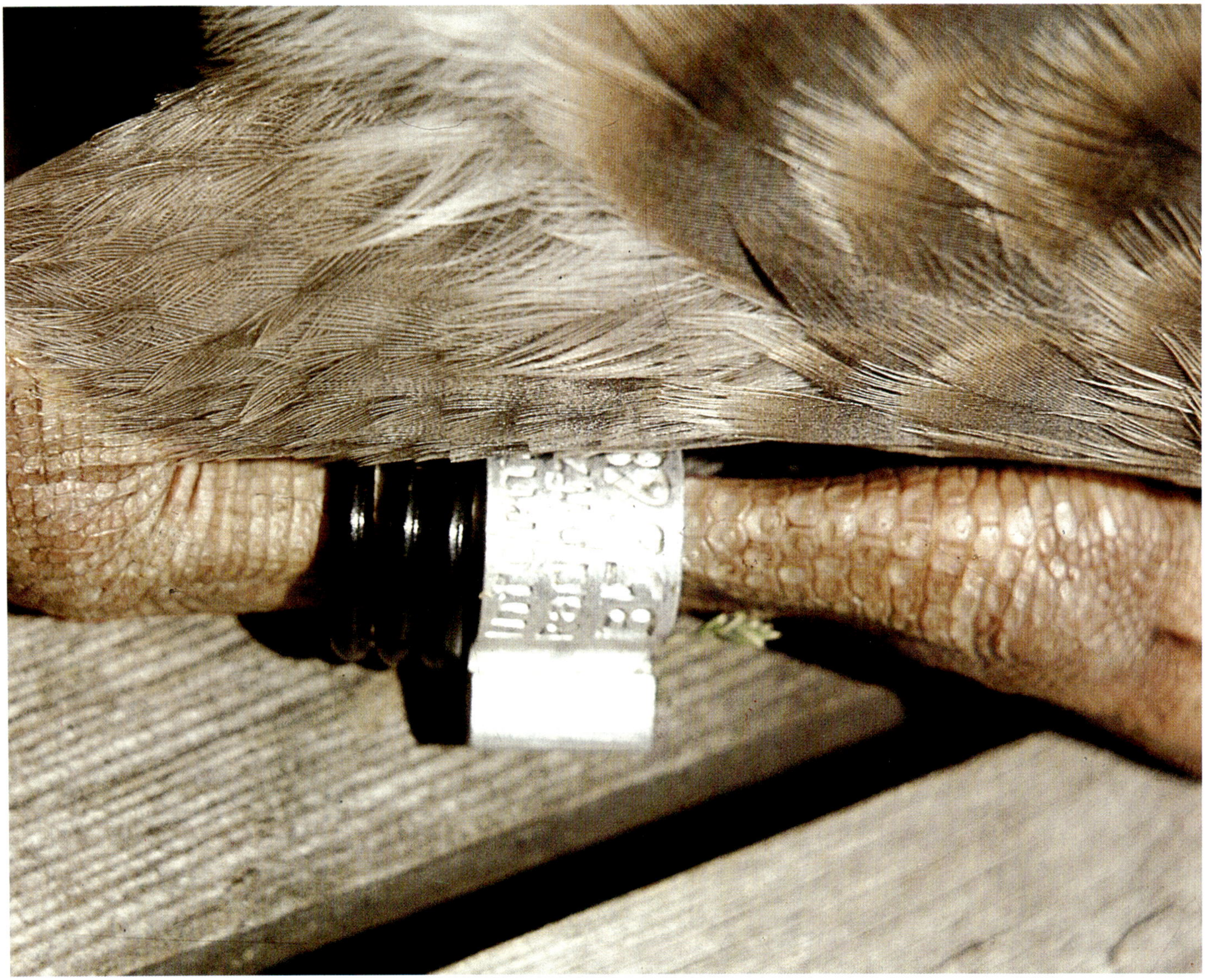

87
Je älter die Kinder werden, desto weniger hält sich die Familie abseits von anderen Gänsen. Wenn die Nichtbrüter von der Mauser am Almsee zurückkommen, lernen die Kinder den Platz ihrer Familie in der Rangordnung kennen und gehen bald drohend mit den Eltern gegen andere Gänse vor.

vor allem soziologischer Forschung zu machen. Während die meisten Enten nach dem Flüggewerden keine Beziehungen zu ihren Eltern mehr aufrechterhalten, bleiben die Gänse in engstem Familienzusammenhalt und nehmen aktiv an jeder Auseinandersetzung der Eltern mit anderen Gänsefamilien teil (87). Hier geht ein knapp sieben Wochen alter Ganter, ein Sohn der berühmten Alma, drohend an der Spitze der Familie gegen ihre Feinde vor. Wer weiß, was weiter oben über die Schwingenmauser gesagt wurde, kann die Jugend des kleinen Helden aus seinem Jugendgefieder und aus der Kürze der Flügelspitzen der Eltern entnehmen, die noch nicht ihre volle Länge erreicht haben. Durch diese Teilnahme an allen Zwistigkeiten ihrer Familie lernen die jungen Gänse, welche Rangstellung ihre Eltern im Rahmen der Gänseschar einnehmen. Sie selbst nehmen ganz automatisch denselben Platz für sich in Anspruch, und es wirkt außerordentlich komisch, wenn ein solches halbwüchsiges Gänschen frech auf einen erwachsenen Ganter zugeht und ihn beispielsweise von der Futterschüssel vertreibt. Das darf es sich allerdings nur erlauben, wenn seine Familie, besonders aber sein Vater, nicht allzuweit entfernt ist. Ich habe es erlebt, daß Kinder ranghoher Familien ganz schrecklich verprügelt wurden, wenn Gänse von niedrigerer Rangstellung sie einmal fern von ihrer Familie erwischten.

Sowie die jungen Gänse ihre volle Flugfähigkeit erreicht haben, beginnt die Mauser des Kleingefieders, bei den alten Gänsen ein wenig früher als bei den jungen. Die Abbildung 88 zeigt eine Gans mit zwei voll flugfähigen Kindern. An der Mutter, die links vorne steht, sieht man deutlich die einsetzende Mauser des Kleingefieders: Die dunklen neuen Federn sind gut unterscheidbar.

Wenn die Jungen voll flugfähig sind, beginnen die Eltern mit ihnen Ausflüge in das weitere Heimatgebiet zu unternehmen. Oft schließen sich mehrere Familien, Eltern und Kinder zusammen, um solche Ausflüge durchzuführen. Hier fliegen sie eben von unserem Teich weg, in der Richtung zum Almsee (89). Bei diesen ersten Ausflügen fallen die Gänse häufig nicht an einem entfernteren Orte ein, sondern kommen, ohne zu landen, zu unserem Teich zurück (91). Die Lichtnelke (*Lichnis flos-cuculi* L.) (90) blüht zu dieser Zeit. Man freut sich von Herzen, wenn die Zeit des Fliegenlernens

88
Nach dem Baden, meist in den Mittagsstunden, putzen sich die Gänse ausgiebig, besonders dann, wenn sie in der Mauser sind, wie man hier an den vielen am Boden liegenden Federn erkennen kann. Sie entfernen so mit dem Schnabel die Hornscheiden von den neuen Federn.

91
Kehren die jungen Gänse von ihren Übungsflügen zurück, bereitet es ihnen oft Schwierigkeiten, vom Bett der Alm kommend über die Uferbäume aufzusteigen und dann steil auf unsre Teiche und Wiesen herabzukommen. Im Gleitflug verlieren die ungeübten Gänse oft das Gleichgewicht und kippen von einer Seite auf die andere. Dabei äußern sie jammervolle Weinlaute.

89
Die ersten Ausflüge unternehmen die jungen Gänse von Oberganslbach aus an der Alm entlang flußauf- und abwärts. Wenn sie nur kurze Strecken fliegen, bilden sie nicht die typische Keilformation.

90
Die rosaroten Blüten der Lichtnelke (Lychnis flos-cuculi L.) gehören zum typischen Bild der bunten Sommerwiesen.

ohne Verluste vorübergegangen ist, und man wundert sich immer wieder über das Geschehen, das in vier Wochen aus dem flüssigen Inhalt eines Eies ein dauniges Gänschen werden läßt, das weinen und grüßen, leiden und sich freuen kann und der Anhänglichkeit an ein bestimmtes Wesen fähig ist, sei es nun ein Mensch oder eine Graugans. Und man wundert sich jedes Jahr aufs neue, wenn in weiteren acht Wochen aus dem süßen Daunenbällchen eine erwachsene Wildgans geworden ist, die mit anderen in streng gereihter Schar hoch am Himmel dahinzieht und dem Sturme trotzt.

Zu dieser Zeit gibt es plötzlich viele Gänse auf unseren Teichen. Es kommen die noch nicht fortpflanzungsfähigen einjährigen und zweijährigen vom Almsee zurück, wo sie während der Mauser ein verborgenes Leben in den stillen Buchten und auf der weiten Wasserfläche des Sees geführt haben. Es kommen auch Gänse zurück, die auswärts gebrütet haben. Yksi, die mit ihrem Gatten Lacchini – so benannt nach meinem Freund, dem Oberst Lacchini, der auch eine Gänsekolonie unterhält – am Chiemsee auf der Grasinsel brütet, gute 200 Kilometer Luftlinie von Oberganslbach entfernt, kommt im Herbst mit ihren Kindern ins Almtal, um den Winter bei uns zu verbringen. Es kommt noch eine zweite Familie, deren Brutplatz uns unbekannt ist. Viele Gänse, viel Geschrei und viel Aufregung gibt es zu dieser Zeit im Almtal, denn alle Gänse sind vom Zugtrieb besessen, auch die, die nicht wegfliegen werden. Obwohl wir wissen, daß sie dies nicht tun, blicken wir ihnen doch immer etwas besorgt nach, wenn wir sie hoch am Himmel dahinziehen sehen.

Wilde Gänse hat es früher im Almtal nicht gegeben, oder doch nur als Durchreisende, die hier eine kurze Rast hielten. Wir selbst haben vor unserem Einzug nur einzelne Saatgänse im Almtal gesehen, eine, die sich 1974 vorübergehend auf dem Almsee aufhielt, und eine zweite, die im September 1977 plötzlich da war, sich an unsere fünf Saatgänse angeschlossen hat und heute noch hier ist. Diese Gans war noch im ersten Jugendkleid, als sie ankam, war also sicherlich durch irgendeinen Zufall von ihren Eltern abgekommen; sehr wahrscheinlich galt dies auch für jene andere.

Graugänse haben erst wir ins Almtal gebracht. Eine Siedlung freilebender Gänse ins Leben zu rufen fordert zwar sehr viel Arbeit,

gelingt aber mit Sicherheit, wenn man diese Mühe nicht scheut. Der erste Schritt zum Ansiedeln von Wildgänsen ist das Ausbrüten von Eiern: Omne vivum ex ovo – alles Lebendige kommt aus einem Ei. Trotz vielfacher Versuche haben wir noch nicht so richtig herausgefunden, wie man Gänse-Eier in einem Brutapparat ausbrütet. Jedenfalls haben wir viel bessere Erfolge, wenn wir zum Brüten Hausgänse verwenden. Aber auch diese durch langjährige Domestikation verdummten Wesen wissen nicht mehr richtig, wie man brütet, oder besser gesagt, sie haben die exakten Instinkte verloren, die eine Wildgans dazu anleiten und die wir schon besprochen haben. Hausgänse machen, wenn man sie sich selbst überläßt, viel zu selten Brutpausen; und wenn sie das tun, gehen sie keineswegs immer baden, sondern kehren oft schon nach viel zu kurzer Zeit mit trockenem Gefieder auf das Nest zurück. Wenn man sie zum Ausbrüten von Wildganseiern benützen will, muß man sie in regelmäßigen Abständen mit Gewalt vom Nest werfen, wobei man sich sehr in acht nehmen muß, da Hausgänse ganz fürchterlich beißen: Dieses Erzwingen einer Brutpause verschafft dem Pfleger allzuoft eine unangenehme Blutblase an der Hand. Dann muß man die Hausgänse entweder anspritzen oder ins Wasser werfen, damit sie dem Nest genügend Feuchtigkeit zutragen, und außerdem tut man gut daran, selbst die Eier zu wenden, denn auch dieses Geschäft besorgen brütende Hausgänse nicht verläßlich genug.

Um die Benützung eines Brutapparates kommt man allerdings nicht herum; denn, wie schon gesagt, die Anhänglichkeit der jungen Gänse an ihren menschlichen Pfleger ist die Voraussetzung dafür, daß man sie an einem bestimmten Ort anzusiedeln vermag, und diese kindliche Anhänglichkeit ist nur dann zu erreichen, wenn man die Gössel sofort nach dem Ausschlüpfen, ja schon während dieses Vorgangs, in seine Pflege nimmt. Die soziale Kommunikation durch Laute, gewissermaßen durch Frage und Antwort, beginnt nämlich schon, ehe das Gänschen aus dem Ei schlüpft. Am stumpfen Ende des Eies befindet sich die Gaskammer, die jedermann vom Aufschlagen seines Frühstückseies kennt, das man wegen ihres Vorhandenseins vernünftigerweise am stumpfen Ende öffnet. Es gibt bekanntlich Ketzer, die das am spitzen Ende tun, und wie wir aus Jonathan

Swifts »Gullivers Reisen« wissen, hat diese Meinungsverschiedenheit im Lande Liliput zu einem Krieg geführt.

Der erste Akt des Schlüpfens besteht darin, daß das Gänschen mit dem Schnabel die Haut durchtrennt, die zwischen der Gaskammer und dem übrigen Inhalt des Eies liegt. Nun beginnt das Gänschen durch die Lunge zu atmen, bis dahin wurde seine Sauerstoff-Versorgung durch die Blutzirkulation in den Eihäuten gesichert. Sowie es durch die Lunge atmet, beginnt das Gänschen auch Laute zu äußern: Es läßt das Weinen, das vielsilbige Pfeifen des Verlassenseins, hören, wenn das Ei etwas auskühlt, und es »grüßt« mit einem zweisilbigen Laut, wenn man ihm dann tröstend zuspricht. Eine solche Konversation mit einem noch allseits geschlossenen Ei ist immer wieder eindrucksvoll.

Nun vergehen mehrere Stunden, bis das erste Loch im Ei entsteht. Dieses Loch wird keineswegs »gepickt«, die Schale wird vielmehr durch das Drücken mit dem Eizahn von innen nach außen durchbrochen. Beim Schlüpfen dreht sich die Gans um die Längsachse des Eies und drückt dabei mit dem Eizahn gegen die Schale. Dieser Eizahn ist ein wirklicher, echter Zahn, der einzige, den die Vögel noch besitzen, ein uraltes Erbe des Reptilienstammes. Auch die Reptilien haben einen Eizahn, der, wie auch bei den Vögeln, nicht im Mund, sondern auf der Nasenspitze sitzt. Kein junger Vogel »pickt« gegen die Eischale, dazu ist im Ei kein Platz. Sein Kopf ist merkwürdigerweise von vorne her unter einen Flügel gesteckt, so daß er mit Stirn und Schnabelrücken gegen die Außenhaut und die Schale gepreßt ist. Ein Strecken des Nackens, der eine sehr starke Muskulatur besitzt, treibt den Eizahn nach außen und bricht ein kleines Loch in die Schale. Gleichzeitig dreht sich der junge Vogel ein wenig um die Längsachse des Eies, so daß der Eizahn eine neue Stelle erreichen kann.

Diese Arbeit wird keineswegs in einem einzigen, nie unterbrochenen Vorgang geleistet. Schon nach dem Durchbruch des ersten Loches pflegt das Gänschen längere Zeit zu ruhen. Außerdem unterbricht es seine Tätigkeit auch nachts. Vielleicht ist dies zweckmäßig, weil dann auch die Mutter ruht. Ihre Hilfe beschränkt sich zwar auf einiges wenige, ist aber doch wohl wichtig.

92
Fast die halbe Schlüpfarbeit hat dieses Gänschen schon geschafft: Es hat den halben Umfang des stumpfen Eipols aufgesprengt. Man kann bereits seine noch in den Hornscheiden steckenden Daunen sehen. Die ursprünglich weißen Gänseeier erhalten durch die Bebrütung ein matt schimmerndes, schmutzig gelbbraunes Aussehen. Das kommt dadurch, daß sie ständig am eingefetteten Gefieder der Mutter gerieben werden, was für die Luftdurchlässigkeit der Schale wichtig ist. Diese Eier wurden von Hausgänsen bebrütet und nur zum Schlüpfen in den Brutapparat gelegt.

Wenn das Gänschen dann schließlich einen vollen Kreis von Breschen rund um den stumpfen Pol des Eies angelegt hat (92), hebt es durch Strecken des Halses die ganze Kalotte vom Ei ab (93). Wenn es nun auch die Füße streckt, schiebt es sich leicht durch die entstandene Öffnung (94).

Das frisch geschlüpfte Gänschen sieht zunächst naß aus (95) wie viele andere bedaunte Jungvögel. Dieser Eindruck wird dadurch hervorgerufen, daß die Daunen im Ei von feinen Hornscheiden umhüllt sind, die ihre Entfaltung verhindern. Diese Scheiden trocknen bald ein und fallen ab; es bleibt von ihnen nur ein feiner Staub, und die Daunen entfalten sich nun zu einem Vielfachen ihres Volumens (97). Man wundert sich dann, wie in aller Welt das große Gänsekind in dem kleinen Ei Platz gehabt haben kann. Der Eizahn ist an der Spitze des Schnabels noch deutlich sichtbar (96).

Die frischgeschlüpfte Gans hat noch eine erhebliche Menge Dotter in ihren Eingeweiden, von dem sie bis zwei Tage lang leben kann. Ehe sie diese Nahrungsquelle erschöpft hat, muß sie aber gelernt haben, was eßbar ist. Schon bald nachdem sie das Nest verlassen haben, beginnen die Gänschen sich für Eßbares zu interessieren, sie picken nach allem möglichen und haben nicht, wie ich anfänglich dachte, eine instinktive Vorliebe für Grünes. Sie picken hauptsächlich nach kleinen Gegenständen; sie vollführen dabei auch schon alle Bewegungsweisen des Abreißens, Abbeißens und Schluckens von Pflanzen, genauso wie eine erwachsene Gans. Was aber das richtige Objekt für alle diese Bewegungsweisen ist, müssen sie erst lernen (98). Die menschliche Pflegemutter kann ihnen dabei helfen, das Richtige zu finden, indem sie mit dem Finger auf geeignete Nahrungsmittel stößt. An von Menschen geführten Gänschen fiel uns auf, daß sie sich mit wahrer Gier auf Pfützen im Wege oder in der Straße stürzten, um dort mit großem Eifer die Bewegungsweisen des Gründelns am Boden des Wassers auszuführen. Sie taten dies nie in schlammigen natürlichen Teichen, sondern immer nur in den Wasserlachen auf Wegen oder Straßen. Erst nach einiger Zeit wurde uns klar, was sie dabei suchten: Gänse besitzen einen muskulösen Magen mit einer harten hornigen Innenhaut. Er dient dazu, mit Hilfe von Steinchen, die von der Gans geschluckt werden, die an Fasern reiche

93
Das Gänschen hat durch Strecken des Halses die Kappe vom Ei abgehoben. Durch strampelnde Beinbewegungen wird es sich gleich ganz aus dem Ei befreien.

94
Gerade ist das Gänschen geschlüpft und bleibt zunächst eine Zeitlang von der großen Anstrengung erschöpft liegen. Schon bald aber wird es den Kopf heben, versuchen ins mütterliche Gefieder zu kriechen und ein erstes leises grüßendes Schnattern auf den richten, der zu ihm spricht.

95
Nimmt man ein eben geschlüpftes Gänschen in die Hand, kann es Hals und Kopf noch nicht halten, und auch die Flügelchen liegen seitlich des Körpers.

96
An der Spitze des noch glänzend schwarzen Schnäbelchens sitzt der gelbe Eizahn, mit dem das Gössel die Eischale gesprengt hat. In einigen Tagen wird er abfallen.

97
Sind die Hornscheiden abgefallen, was natürlicherweise geschieht, wenn sich das Kind beim Hudern am Gefieder der Mutter reibt, wird aus dem eben noch naß und wenig hübsch aussehenden Gänschen ein flaumiger, grünlich-gelber Daunenball.

98
Das kleine Gänschen verfügt schon über alle Weidebewegungen erwachsener Gänse, hat aber in den ersten Tagen noch zu wenig Kraft, um Grashalme und Kräuter abzureißen, was jedoch nicht schadet, da es ungefähr drei Tage vom Inhalt seines Dottersackes leben kann.

99
Um wasserdicht zu sein, müssen die Gössel am eingefetteten Gefieder der Mutter gerieben werden. Dies geschieht, wenn sie die Kinder hudert. Da von Hand aufgezogenen Gänschen diese Möglichkeit fehlt, sind sie oft weniger wasserfest als wild aufwachsende – so auch dieses Gössel, welches am Hals und an den Flügeln nasse, verklebte Federn hat.

100
Auch das handaufgezogene Gänschen Natascha ist nicht ganz wasserdicht und putzt sich deshalb besonders gründlich. Hier zeigt es gerade die Bewegung, mit der das Bürzeldrüsen-Sekret abgestreift wird, obwohl die Drüse in diesem Alter noch nicht funktioniert.

pflanzliche Nahrung fein zu zerreiben. Was die Gänschen in den Lachen des Weges suchten, waren geeignete Magensteinchen.
Bei unseren früheren Gänseaufzuchten litten unsere Gänschen nicht unerheblich darunter, daß ihr Daunengefieder beim Schwimmen und Baden nicht so schön wasserdicht und trocken blieb wie das von Gänschen, die von ihren Eltern gepflegt werden (99). Wir glaubten, was sehr naheliegend ist, daß unseren Gänschen die Einfettung des Gefieders fehle, die normalerweise dadurch bewerkstelligt wird, daß die Jungen sich beim Unterschlüpfen am Gefieder der Mutter reiben, das wohl eingefettet ist. Die Fettdrüse am Bürzel der Jungen beginnt nachweislich erst nach einigen Wochen zu funktionieren, und so glaubten wir, den in Rede stehenden Mangel dadurch beheben zu können, daß wir die Bürzeldrüse einer erwachsenen Gans »ausmelkten« und die Jungen mit dem so gewonnenen öligen Produkt einsalbten. Sie wurden danach aber nur noch nässer als vorher. Erst allmählich kamen wir dahinter, daß die Wasserfestigkeit der Gänsekinder weniger durch die Fettigkeit des mütterlichen Gefieders bewirkt wird als durch die elektrische Ladung, die dadurch entsteht, daß die Jungen ihr Daunengefieder an den Bauchfedern der Mutter reiben. Nun verstanden wir auch, warum Gänse und andere Wasservögel, die etwas wasserundicht geworden sind, sich so ausdauernd putzen (100): Sie tun das, um die verlorene elektrische Ladung und damit die Wasserfestigkeit wieder herzustellen. Als uns dies klargeworden war, rieben wir unsere jungen Gänschen gründlich mit einem reinen Seidentuch, und siehe da, sie waren genauso wasserfest wie die von ihren Eltern aufgezogenen.

Alle diese Pflegemaßnahmen sind für das Gedeihen einer kleinen Graugans nicht so unentbehrlich wie ihre seelische Betreuung. Ich habe schon gesagt, daß die Kommunikation zwischen Mutter und Kind bereits beginnt, ehe das Gänschen auch nur ein Loch in die Eischale gebrochen hat. Nach dem Schlüpfen intensiviert sich diese Kommunikation und gewinnt an Wichtigkeit. Wenige Minuten, nachdem das Gänschen ausgeschlüpft ist, versucht es den Kopf zu heben. Sowie ihm das gelingt, reagiert es auf Ansprechen durch den Pfleger, nicht nur mit den Lauten, sondern auch mit der Gebärde des Grüßens, das heißt, es hebt den Kopf und streckt den Nacken durch.

Etwas später, mit Beginn der optischer Orientierung, tut es dies in der Richtung, aus der es Laute vernimmt und in der es die Bewegungen des Pflegers sieht. Es blickt dann auch mit auffallender Aufmerksamkeit in die betreffende Richtung; man hat unmittelbar den Eindruck, es wolle sich das Bild des Pflegers einprägen, besonders dann, wenn man sich von oben über das Gänschen beugt und wenn es den Kopf schief hält, um mit einem Auge zum Pfleger aufzublikken. Dieser Eindruck ist durchaus richtig; die kleine Gans ist im Besitze einer angeborenen Information, die, in Worte gefaßt, lauten würde: »Wer auf dein Pfeifen des Verlassenseins antwortet, ist deine Mutter, merk sie dir genau!«

Diese erste Kommunikation zwischen Kind und Mutter bewirkt nun jenen lebenswichtigen Vorgang, der weder wiederholbar noch auch rückgängig zu machen ist und den wir als die Prägung bezeichnen. Auch wenn dieses Zwiegespräch zwischen Mensch und Gänschen nur einige wenige Male stattgefunden hat, zeigt sich anschließend, daß die kindlichen Triebhandlungen des neugeborenen Gänschens für immer an den menschlichen Pfleger gebunden sind. Wie fest diese Bindung ist, mußte ich erfahren, als ich meine allererste Graugans nur für wenige Minuten unter der Hausgans, die sie ausgebrütet hatte, hervorholte und einige Male die eben beschriebene Grußreaktion auslöste. Das Gänschen weigerte sich fortan hartnäkkig, diese Hausgans als Mutter zu betrachten; es war durch nichts mehr von der Überzeugung abzubringen, daß ich seine Mutter sei.

Um diese Mutterrolle mit vollem Erfolg zu spielen, muß der Pfleger bereit sein, für mehrere Wochen seine Zeit ausschließlich seinen Pflegekindern zu widmen. Man kann diese nämlich nicht einen Augenblick allein lassen, ohne daß sie verzweifelt zu »weinen« beginnen; das heißt, sie stoßen das sogenannte Pfeifen des Verlassenseins aus, ein Notsignal, auf das die Eltern sofort reagieren. Auch der menschliche Pfleger muß dies tun, andernfalls werden die Gänschen ernstlich neurotisch; zumindest zeigen sie Verhaltensstörungen, die sie als Objekte zum Studium der Soziologie ihrer Art ungeeignet machen.

Die viele Zeit, die man notwendigerweise in engstem Zusammensein mit seinen Pflegekindern verbringen muß, wenn man sie

101
Das Hasenpfötchen ist ein besonders beliebtes Futter der jungen Gänschen.

gewissenhaft bei seelischer Gesundheit erhalten will, zwingt den Wissenschaftler zum langen Aufenthalt in der freien Natur. Man erlebt die winzigen Freuden und Leiden seiner Pflegekinder mit, man bemitleidet sie lächelnd, wenn sie in Brennesseln getreten sind und verzweifelt weinen, und freut sich, wenn sie mit den Lauten des »Gutschmeckens« die Blüten des Hasenpfötchens (101) fressen, einer hübschen Pflanze, deren lateinischen Namen wir leider nicht kennen.

Bei schönem Wetter, in warmem Sonnenschein erscheint die Tätigkeit einer Ersatzmutter von Schwimmvögeln kaum als Arbeit (102, 103), aber bei strömendem Regen wird auch dem Fernerstehenden klar, daß es eine ernste Aufgabe bedeutet, Tag um Tag vierundzwanzig Stunden mit den Gänsen zu verbringen. Man beachte auf Bild 104, wie die Regentropfen auf dem Gefieder der jungen Gänse liegen, das weit besser wasserdicht ist als der Gummimantel ihrer Pflegemutter. Die Gänse sind überhaupt in hohem Maße wetterfest, auch ein Gewitterregen macht ihnen nicht viel aus, nur bei Hagelschlag heben sie den Schnabel gen Himmel, so daß die Hagelkörner nicht rechtwinklig, sondern schräg auf ihr Schädeldach aufprallen (105).

Das Wetter in unserem Alpental wechselt oft sehr plötzlich, ein Regenbogen (106) ist ein hochwillkommenes Anzeichen für besseres Wetter.

Zu den Pflichten der Pflege-Eltern gehört es auch, den Gänsekindern die nötige Orientierung zu verschaffen. Zu diesem Zweck muß man mit seinen Gänsen weite Wanderungen unternehmen. Dies ist für die menschlichen Ersatzeltern junger Gänse die anstrengendste, aufregendste, aber auch die schönste Zeit im Jahr. Ich hatte von Anfang an die Absicht, unsere jungen Gänse nicht nur mit unseren Teichen in Oberganslbach, sondern mit dem ganzen uns zur Verfügung stehenden Teil des Almtales bekanntzumachen. Da es offensichtlich untunlich war, schon mit den kleinen Gösseln so große Strecken zurückzulegen, mußten wir mit diesen Geographie-Lektionen warten, bis unsere Kinder so weit herangewachsen waren, daß sie solche Strecken ohne Überanstrengung zurücklegen konnten. Das bedeutete, daß wir damit erst knapp vor dem Flüggewerden beginnen konnten.

102
Die wichtigste Eigenschaft, die ein Gänsebeobachter haben muß, ist Geduld. Wenn es ihm langweilig wird, viele Stunden bei den Gänsen zu sitzen und deren Tagesablauf zu teilen, ist er für diese Arbeit nicht geeignet.

Der Aufbruch von Oberganslbach war stets eine langwierige, ja langweilige Geschichte, da Gänse sehr konservative Wesen sind und sich nur ungern auf unbekanntes Gebiet wagen. Sämtliche Pfleger handaufgezogener Gänsescharen sowie auch ich selbst, der den Gänsen gewissermaßen als Onkel bekannt war, mußten lange locken und lange warten, ehe sich die Gänse allmählich entschlossen, mit uns von Oberganslbach wegzugehen und neue Wege zu betreten. War dies geschehen und befanden sich die jungen Gänse erst einmal auf ihnen fremdem Gebiet, so folgten sie uns sehr eifrig und getreulich auf dem Fuße nach und begannen sofort zu weinen, wenn sie etwas weiter zurückgeblieben waren. In der neuen Situation waren sie eben ängstlich, und die bekannten Menschen waren für sie das einzige vertrauenswürdige und beruhigende Objekt. Gerade deshalb bewirken solche Gänge ins Unbekannte eine sehr starke Bindung. Auch der Besitzer eines neuen Hundes kann sich dies zunutze machen: Bekommt man einen jungen Hund, der eigentlich schon etwas zu alt für die Herstellung einer idealen Hund-Herr-Beziehung ist, so kann man nichts Besseres tun, als mit ihm möglichst weit und in möglichst unbekannte Gegenden zu wandern. Hunde sind natürlicherweise darauf eingestellt, große Strecken zurückzulegen; sie laufen gern, und je weiter und je schneller man mit ihnen geht, desto besser ist es, um die erwünschte Bindung herzustellen.

103
An heißen Sommertagen in einer schönen Landschaft eine Schar junger Gänse zu führen muß jedem Außenstehenden als reines Vergnügen erscheinen. Aber auch das kann nervenaufreibend und anstrengend sein, denn man muß zu jeder Zeit bereit sein, sich auf die Bedürfnisse seiner Kinder einzustellen.

Bei Gänsen ist das anders. Wenn wir sie einmal ins Unbekannte gelockt hatten und sie uns so brav und eilig, fast im Tempo eines normalen Spaziergängers nachliefen, begingen wir anfänglich den Fehler, dies auszunützen, um große Strecken rasch zurückzulegen – der Mensch ist eben ungeduldig. Sehr bald aber merkten wir, daß die Gänse, wenn man ihre Furcht vor dem Unbekannten in dieser Weise ausgenützt hatte, sich beim nächsten Mal ganz einfach weigerten, von Oberganslbach wegzugehen. »Einmal und nie wieder«, so schienen sie zu sagen. Das war eine unserer ersten Lektionen, die uns beibrachten, daß man Gänsen nicht allzu Unangenehmes zumuten darf, und vor allem, daß man sie noch viel weniger als Menschenkinder hart »frustrieren« darf. Wir lernten es also, mit unseren Gänsen im Gänsetempo zu gehen, Wege zu meiden, die ihnen unheimlich waren, zum Beispiel weil sie durch allzu dichtes Gebüsch führten,

104
Wenn es tage- und wochenlang regnet, wird das Gänseführen zu harter Arbeit, da den Gänsen dieses Wetter genauso recht ist wie Sonnenschein und sie auf dem Aufenthalt im Freien von Sonnenaufgang bis zur Dunkelheit bestehen.

105
Geht ein starker Platzregen oder Hagel nieder, legen die Gänse das Gefieder dicht an und recken Kopf und Hals nach oben, um dem Unwetter eine möglichst kleine Angriffsfläche zu bieten. So wird auch verhindert, daß Hagelkörner senkrecht auf den Schädel aufprallen.

106
Oft spannt sich nach den heftigen Sommergewittern ein Regenbogen über das noch wolkenverhangene Tal.

107
Bei unseren Spaziergängen entlang der Alm legen die Gänse kurze Strecken dicht über dem Wasser fliegend zurück, fallen dann ein und warten, bis wir nachgekommen sind.

oder weit auf steinigen Wegen zu wandern, die den weichen Füßen der Gänse weh taten. An geeigneten, den Gänsen angenehmen Orten, das heißt an solchen, die schmackhafte Weidepflanzen, leicht zugängliches Wasser und weiten Ausblick boten, machten wir halt und ruhten lange Zeit.

Durch diese, uns von unseren Pflegekindern diktierten Gepflogenheiten brachten wir es dahin, daß sie uns immer weiter und weiter folgten, und als sie richtig fliegen konnten, gingen wir ein erhebliches Wagnis ein: Wir beschlossen, mit ihnen einen Ausflug bis hinauf zum Almsee zu unternehmen. Wir rechneten damit, daß unsere Pflegekinder, die uns damals schon streckenweise fliegend gefolgt waren, den Weg vom Almsee nach Oberganslbach in der Luft zurücklegen würden. Wir gewöhnten sie daran, daß wir ihnen auf dem Wege stromaufwärts ein Stück vorausliefen, schneller als sie zu marschieren geneigt waren, und daß wir sie dann von einem viel weiter stromaufwärts gelegenen Punkte aus riefen. Sie kamen uns dann nachgeflogen, niedrig über der Oberfläche des Almflusses dahinstreichend (107). Für diese Leistung wurden sie stets durch eine längere Pause und durch beliebte Futterpflanzen belohnt, die ich unterwegs abgerissen hatte.

An jenem denkenswerten Tage brachen wir sehr früh von Oberganslbach auf (108). Für den Menschen ist es merkwürdig anstrengend, eine größere Strecke im Marschtempo der Gänse zurückzulegen, ein Tempo, das man aus den schon erwähnten Gründen nicht über zwei Kilometer in der Stunde steigern darf. Die Ruhepausen, die wir der Gänse wegen einschalten mußten, waren daher auch uns selbst sehr willkommen (109, 110, 111). Bei schönem Wetter waren solche Erholungszeiten sehr erfreulich, besonders wenn es sich um die längere Mittagsrast handelte. Es gehört zur regelmäßigen Einteilung des Tageslaufes der Wildgänse, daß sie ziemlich genau um die Mittagszeit baden. Unmittelbar danach aber »muß man« sich ausführlich das Gefieder putzen und neu einfetten. Während diese wichtige Handlung vorgenommen wird, sind Gänse durch nichts, außer durch rohe Gewalt, zu bewegen, den Ort zu verlassen. Selbst die gehorsamsten Gänsekinder verweigern den menschlichen Pflege-Eltern resolut den Gehorsam, wenn diese versuchen, vom

108
Will man mit den Gänsen von einem vertrauten Ort weggehen, so müssen die Menschen in »geschlossener Schar« aufbrechen, denn das Wandern in unbekanntes Gebiet bedeutet immer ein Wagnis.

109
Während einer Marschpause beknabbern die jungen Gänse neugierig die durch diese Behandlung schon sehr mitgenommenen Hosenbeine ihrer »Mutter«.

111
Unterwegs sammeln wir besonders beliebte Futterpflanzen, zum Beispiel Gänsedistel, um während der Pausen die Gänse damit zu verwöhnen. Hier sieht man in der Mitte die später so berühmt gewordene Selma und zwei ihrer Brüder im Alter von 2 Monaten.

110
Auf den Wanderungen lieben es die Gänse, ausgedehnte Pausen einzulegen, um im seichten Uferwasser zu gründeln, zu weiden oder ihr von uns unterwegs gesammeltes Lieblingsfutter, hier Schachtelhalm, zu fressen.

112
Auf unserem Weg zum Almsee müssen wir immer wieder die Alm durchqueren. Dies ist bei der reißenden Strömung und den dikken Kieseln am Grund gar nicht so einfach, und oft genug geschieht es, daß einer von uns ins Wasser fällt. Wenn es warm ist, ist das nicht weiter schlimm; bei schlechtem Wetter ist der Weitermarsch in nassen Kleidern recht unangenehm.

113
Eine Mittagsrast im Regen ist für die Menschen wenig erfreulich, die Gänse stören sich nicht daran. Hier beknabbern sie die Regenkleidung ihrer Mutter, was sie besonders gerne tun. Die Familie im Hintergrund ist schon eingeschlafen.

naturgegebenen Stundenplan abzuweichen und sie wegzuführen. Gänse-Eltern begehen natürlich nie einen solchen Fauxpas, denn sie haben ja selbst gebadet und müssen sich putzen. Nach dem Putzen aber ist es unverbrüchliche Sitte, ein ausgedehntes Mittagsschläfchen zu halten.

Menschliche Gänse-Eltern schlafen noch fester als die Gänse, haben sie doch ihre Tagesarbeit »mit den Hühnern«, die auch nicht früher aufstehen als die Gänse, begonnen, und der tägliche Dienst der Pfleger endet erst mit Einbruch der Nacht, wenn ihre Pfleglinge fest eingeschlafen sind. Da meine Mitarbeiter dann begreiflicherweise noch andere Arbeiten vorhaben, ist es unvermeidlich, daß sie mit der Zeit ein erhebliches Schlafdefizit ansammeln, das ein Mittagsschlaf ausgleichen muß. Nichts ist gemütlicher als diese Mittagsschläfchen von Mensch und Tier. Der trillernde Laut, den junge Gänse beim Einschlafen ausstoßen, ist das süßeste Schlummerlied, das man sich denken kann; die gemeinsame Ruhe von wilden Tieren und zivilisierten Menschen mitten in der freien Natur hat beinahe etwas Sakrales. Sehr ernüchternd und empörend wirkt es, wenn, wie es für das Almtal typisch ist, dann ganz plötzlich eine Regenwolke aufzieht und ein kalter Guß sich über die Ruhenden ergießt, auf den die Vögel und die Menschen sehr verschieden reagieren. Nur die Menschen wachen schimpfend auf und ziehen sich Regenmäntel an, die Gänse haben das nicht nötig und schlafen ruhig weiter (113).

Auf diesen wie auf anderen Wanderungen stromaufwärts folgten wir stets dem Lauf der Alm, da abkürzende Wege aus den schon erwähnten Gründen den Gänsen unangenehm waren. Flache, den Gänsen angenehme Ufer waren oft auf der einen und oft auf der anderen Seite der Alm zu finden; es war daher nötig, das reißende Flüßchen immer wieder zu durchwaten, und dabei kann man leicht stolpern und hineinfallen (112). Wir hatten uns so sehr in die Empfindungen unserer Gänse hineingelebt, daß wir es als ausgesprochen unschön empfanden, wenn wir ausnahmsweise einmal zur Abkürzung des Weges eine Forststraße benutzten (117), so schön auch die Landschaft war, die sie durchzog. Die hellen Blüten sind Fingerhut (*Digitalis grandiflora* L.) (114), während den Flußlauf bescheidenere Blüten zieren, wie zum Beispiel die kleine Alpennabelmiere (*Miren-*

117
Wenn wir Wege abseits vom Wasser benutzen, sind die Gänse sehr aufmerksam, sichern ununterbrochen und gehen schnellen Schritts zielstrebig wieder in Richtung Almfluß. Der kleinste Schreck kann sie an solchen Stellen zum Auffliegen bringen, sie kehren dann meist um nach Oberganslbach, und unsere ganze Mühe war umsonst. Die gespannte Aufmerksamkeit der Gänse auf diesem Bild erkennt man an ihrem eng angelegten Halsgefieder, den hochgereckten Hälsen und dem seitwärts in den Wald gerichteten Blick.

gia ciliata L.) (115) und die zwergenhafte Glockenblume (*Campanula rotundifolia* L.) (116).

Menschen wie Gänse waren ziemlich müde, als wir schließlich die Stelle erreichten, wo der Almfluß aus dem Almsee fließt. Dort erwartete uns unser Boot (118); dieses unbekannte Objekt erregte zunächst das Mißtrauen unserer Pfleglinge; auch erlebten sie jetzt zum ersten Male den Anblick einer größeren Wasserfläche und waren daher zunächst in sehr ängstlicher Stimmung. Wie bei vielen Herdentieren überwiegt bei stärkerer Beunruhigung der Herdentrieb über die Abneigung gegen Fremde, und so sehen wir im Bild (119) vier Familien junger Graugänse, die von vier verschiedenen Pflegepersonen aufgezogen worden waren, in einer einzigen Schar dicht zusammenhalten, was sie »zu Hause« auf unseren Aufzuchtteichen nie getan hätten.

Es dauerte eine Weile, bis sie sich an das Boot gewöhnt hatten, obwohl ihre vier Pfleger und ich als wohlbekannter »Onkel« drinnen saßen und sie lockten. Dann aber folgten sie dem Boot in geschlossener Schar (120). Sie lernten das Boot wohl kennen, folgen ihm aber bis auf den heutigen Tag nur, wenn es mit befreundeten Personen bemannt ist. Sitzen Fremde darin, so fürchten sie sich stark, fast noch mehr als vor fremden Booten. Wir führten sie schon an jenem ersten Tag auf die von Riedgras und Torfmoos bewachsenen Moorflächen, die den See an seinem nördlichen Ende, also nahe dem Ausfluß umsäumen. Dort wächst auch die wunderschöne kleine insektenfressende Pflanze, der Sonnentau (*Drosera rotundifolia* L.).

Auf unserem ersten Ausfluge mit den Gänsen zum Almsee hatten die Vögel stromaufwärts schon beträchtliche Stücke des Weges fliegend zurückgelegt, dies aber, wie gesagt, immer nur dicht über dem Flusse. Das letzte Stück des Weges, das wir zum Almsee hinaufgegangen waren, hatte durch dichten Wald geführt, da das Steilufer des Flusses es in jenem Bereich unmöglich macht, an ihm entlangzuwandern.

Es war bereits nach ein Uhr mittags, als wir mit unseren Gänsen schließlich den Almsee erreichten. Wir waren um sieben Uhr morgens von zu Hause aufgebrochen, waren also über sechs Stunden marschiert. Dies stellte uns vor eine schwierige Entscheidung. Um

114
Der gelbe Fingerhut (Digitalis grandiflora L.) blüht auf Lichtungen und Kahlschlägen entlang unseres Weges.

115
Die Kleine Alpenmiere (Mirengia ciliata L.) wuchert zwischen Geröll am Ufer und auf den Kiesbänken der Alm.

116
Die Zwergenhafte Glockenblume (Campanula rotundifolia L.) blüht auf den Wiesen am Ufer.

118
Bei unserer ersten Ankunft am Almsee waren die Gänse froh, wieder eine große Wasserfläche zu sehen, gleichzeitig aber etwas ängstlich in der neuen Umgebung. Deshalb hielten sie sich dicht bei uns.

119
Unsere jungen Gänse sahen zum erstenmal den See. Nie vorher waren sie auf einer so großen Wasserfläche geschwommen und auch nie in so tiefem Wasser. Das war ihnen zunächst unheimlich, da das Wasser so klar ist, daß man jede Einzelheit am Grund erkennen kann. Deshalb hielten sie sich dicht zusammen und schwammen schnell mit aufmerksam hochgereckten Hälsen neben dem Boot her.

120
Als die Gänse den See und das Boot kennengelernt hatten, folgten sie uns »im Gänsemarsch« schwimmend oder kamen auch von weither zu uns hergeflogen. Das tun sie aber nur bei unserem Boot, fremde Boote erkennen sie sofort und meiden sie.

121
Auf den moorigen Inseln des Almsees ist es für die Gänse, die gerne hier weiden und gründeln, gemütlicher als für uns Menschen, denn bei jedem Schritt im weichen Torfmoos bildet sich eine Wasserlache um die Füße, und auch die Luftmatratze ist bald durchnäßt.

die Gänse für den anstrengenden Marsch zu belohnen, mußten wir möglichst lange mit ihnen in einer für sie angenehmen Umgebung verbringen. Wir blieben bis zum Abend an jener hübschen Stelle am Nordufer des Sees (121). Wir wußten sehr wohl, daß wir die Gänse durch Nachahmung von Fluglauten und Auffliege-Bewegungen in Flugstimmung bringen und dann, indem wir kurz vor ihnen herliefen, zum Abflug veranlassen konnten. Was wir nicht wußten, war, ob sie dann nicht nach ein paar Kreisflügen wieder bei uns landen würden, anstatt, wie wir hofften, den Weg zu ihrem gewöhnlichen Schlafplatz einzuschlagen. Hätten unsere Vögel unsere Erwartung enttäuscht, so wären wir vor die Notwendigkeit gestellt gewesen, mit ihnen wieder zu Fuß sieben Stunden lang flußabwärts zu wandern, und wenn die Nacht hereinbrach, zu kampieren und mit den Gänsen im Freien zu übernachten. Für mich wäre das, in meinen noch nassen Kleidern, recht bedenklich gewesen, und ich erwog schon, ob ich dies im Falle des Falles als Ausrede benützen könnte, um meine Mitarbeiter und meine Gänse treulos im Stich zu lassen. Die peinliche Maximum-Minimum-Rechnung war nun folgende: Je später wir die Gänse zum Abfliegen aufforderten, desto wahrscheinlicher war es, daß sie sich schon in der Stimmung zum Schlafengehen befanden und direkt das gewohnte Nachtquartier aufsuchen würden. Gleichzeitig aber wurde mit dem Vorrücken der Zeit auch die Eventualität eines Heimmarsches zu Fuß immer unangenehmer.

Wir warteten bis halb sechs Uhr abends, da um diese Zeit die Fluglust der Gänse sehr groß zu sein pflegt, vollführten dann unsere Flug-Anregungs-Zeremonie, die übrigens auf Zuschauer stets erheiternd wirkt. Unsere Gänse reagierten prompt, flogen einmal im Kreise um den ganzen See, wir sahen beklommen zu, als sie über uns vorbeizogen, und enthielten uns jeden Lautes, um sie nicht wieder zu uns zu locken. Sie kreisten dann noch einmal über dem See. Als sie zum zweitenmal über uns vorüberkamen, hatten sie schon erheblich an Höhe gewonnen, und wir sahen erleichtert, aber doch gespannt zu, wie die Schar um die nächste Bergkulisse stromabwärts verschwand.

An unserem Teich beim Hüttchen saßen einige Mitarbeiter, die wir dort zurückgelassen hatten und denen wir nicht genau sagen

122
Hoch am Himmel kommen die Gänse vom Almsee nach Oberganslbach geflogen. Schon bevor sie die Höhe unserer Teiche erreichen, äußern sie laute Distanzrufe, halten im Flügelschlag inne und nähern sich im Gleitflug.

123
Sie kreisen einige Male über uns und fallen dann dicht bei unseren Hütten ein.

124
Bei dieser jungen Gans kann man deutlich die Federn des Jugendkleides von denen des erwachsenen Vogels unterscheiden: An den Enden der hellen, spitzen Kinderfedern saßen die gelben Daunen; die dunklen, stumpfen Federn mit dem hellen Saum sind die des Erwachsenengefieders.

125
Im Spätsommer blüht in den lichten Wäldern der Schwalbenwurz-Enzian (Gentiana pannonica SCOP).

126
Die mannshohen Sumpfkratzdisteln (Cirsium pallustra L.) blühen, wenn die jungen Gänse ihre volle Flugfähigkeit erreicht haben.

konnten, wann wir die Gänse vom See abfliegen lassen würden. Mit großer Freude und Erleichterung sahen diese guten Leute, wie unsere Schar junger Gänse zeitgerecht hoch am Himmel erschien, das Tal entlang geflogen kam (122), rasch an Höhe verlor und schließlich zielbewußt und entschlossen dicht bei unserem Hüttchen einfiel (123). Nach einem so anstrengenden Tag schliefen alle Gänse sofort ein. Bei der abgebildeten Gans kann man besonders gut die alten, hellen und spitzen Federn des Jugendkleides – auf deren Spitzen seinerzeit die letzten Daunen gesessen hatten – von den neuen, dunklen und mehr quer abgeschnittenen Federn des Erwachsenenkleides unterscheiden (124).

Der Spätsommer ist in den Tälern der nördlichen Alpen vielleicht die schönste Jahreszeit; es gibt mehr klare Sonnentage als zu irgendeiner anderen. Das Blühen mancher Blumen läßt vergessen, wie nahe der Herbst schon ist. Es blühen der Schwalbenwurzenzian (*Gentiana pannonica* SCOP) (125) und die Sumpfkratzdistel (*Cirsium pallustra* L.) (126). An klaren Septembertagen erscheint die Landschaft noch völlig sommerlich (127). Die Gänse aber geben dem Pfleger einige Gründe zur Besorgnis: Ihre Fluglust nimmt zu, und da wir Menschen leider nicht mitfliegen können, stehen wir manchmal einsam und besorgt herum. Wenn dann plötzlich eines Morgens das Gebirge mit Schnee bedeckt ist (130), das Herbstlaub sich gelb färbt (128) und die Netze der großen Radspinne allmorgendlich mit Tauperlen verziert sind (129), dann ergreift eine große Unruhe unsere wilden Gänse. Auch wir sind unruhig, obwohl wir aus Erfahrung wissen, daß sie nicht ganz wegfliegen werden und daß, wenn sich doch einmal einige von ihnen verirren, gute Hoffnung besteht, sie würden eines Tages wiederkommen. Wenige Dinge können uns so erfreuen wie die Rückkehr einer lang vermißten Graugans. Halb und halb wünschen wir, daß einige unserer Gänse mit der wilden Graugans-Population des Neusiedlersees in Kontakt kommen mögen und daß unsere Kolonie von ihnen die Tradition des artgemäßen Zugweges hinab zum Donaudelta übernehmen möge. Wir wissen wohl, wie gefahrvoll der Wanderzug für die Gänse ist, aber wir würden uns doch freuen, wenn unsere Gänsesiedlung auch in ihrem Zugverhal-

127
Warme, sonnige Spätsommer- und Herbsttage sind am Almsee besonders schön. Wenn sich die Frühnebel gehoben haben, liegt der grüne Spiegel des Sees unter einem strahlend blauen Himmel. Nur überm Gebirge hängen die typischen dünnen Föhnwolken.

130
In der frühen Dämmerung der Herbstabende fliegen die Gänse vom Auingerhof zu ihren Schlafplätzen am Almsee. Bevor sie sich zur Ruhe begeben, gründeln sie noch im moorigen Grund der Ufer.

128
Leuchtend gelb färben sich im Herbst die Blätter des Ahorns.

129
Der Morgentau hängt glitzernd in den Spinnennetzen.

ten dem natürlichen ihrer wilden Artgenossen gleichen würde. So stehen wir mit gemischten Gefühlen ganz unten auf dem Erdboden, wenn ganz oben in der Luft unsere geliebten Gänse mit klingendem Wanderlied vorüberziehen (131).

Bei dieser Gelegenheit steigt in mir immer eine Erinnerung auf, die, obwohl nahezu siebzig Jahre alt, unauslöschlich ist. Ich weiß genau, daß ich damals noch nicht in die Schule ging und nicht lesen konnte. Auf einem Spaziergang in die Donau-Auen war ich verbotenermaßen meiner ängstlichen Mama und meiner noch ängstlicheren Tante Hedwig ein Stück vorausgelaufen und stand auf einer kleinen Lichtung nahe am Donaustrom. Da hörte ich über mir ein eigenartiges metallisches Rufen und sah hoch am Himmel eine Schar Wildgänse donauabwärts vorüberziehen. Die Emotionen des Menschen sind früh entwickelt und bleiben lebenslang dieselben, und ich kann heute noch ganz genau nachfühlen, was ich damals empfand. Ich wußte nicht, wohin die Vögel flogen, aber *ich wollte mit ihnen ziehen.* Ich empfand die ganze romantische, brusterweiternde und herzzersprengende Sehnsucht nach dem Wandern. Und ich erinnere mich ganz sicher, daß ich damals zum erstenmal in meinem Leben den unbändigen Drang empfand, meine Gefühle künstlerisch auszudrükken. Ich war für mein Alter zeichnerisch ziemlich begabt, und meine Mutter hatte diesem Talent in jeder Weise Vorschub geleistet; eine große Tafel mit bunten Kreiden, unbegrenzte Mengen von Papier und eine große Keksschachtel mit assortierten bunten Bleistiften standen mir jederzeit zur Verfügung. Nach dem geschilderten Erlebnis zeichnete und malte ich Gänse – und machte damals schon eine bittere Erfahrung: In der Kunst kommt regelmäßig ein großer Kitsch heraus, wenn die Macht überschwenglichen Gefühls in allzu grobem Mißverhältnis zur Größe des Könnens steht.

Es gibt eine Dichterin, deren Kunst der Romantik der Zugvögel gerecht wird und die deren gefährdetes und heroisches Leben mit hohem Können schildert – das ist Selma Lagerlöf. Ich lernte ihr Buch »Die Reise des kleinen Nils Holgersson mit den Wildgänsen« erst nach jenem aufwühlenden Gänse-Erlebnis kennen. Zuerst wollte ich nichts von dem Buch wissen, weil meine rege Phantasie den Titel dahin auslegte, daß Nils Holgersson mit Wildgänsen in Käfigen in

131
An stürmischen Tagen erwacht in unseren Gänsen der Wandertrieb, und sie fliegen unterm düsteren Herbsthimmel stundenlang weit über die Berge hin, um dann aber immer wieder zu uns zurückzukehren. Bei solchen weiten Flügen bilden sie die typische Keilformation.

132
Im Herbst übersiedelt die Gänseschar von Oberganslbach zu den Kiesbänken der Alm am Institutsgebäude. Zuerst sind sie noch etwas unsicher und wagen nicht gleich einzufallen. Wir laufen dann vor ihnen her und gehen schnell in die Hocke, was sie zum Landen veranlaßt.

der Eisenbahn reist. Ich sah voraus, daß die Gänse dann doch geschlachtet werden würden, wie ich das im Hause meiner Eltern leider schon erlebt hatte. Ich ließ mich schließlich überzeugen, daß derartiges in Selma Lagerlöfs Werk nicht vorkomme. Die Tatsache, daß es mir vorgelesen wurde, macht es möglich, jene Ereignisse zu datieren, da ich sehr früh, schon vor Schulbeginn gut lesen konnte. Dies alles geschah demnach vor 1909.

All diese Kindheitsromantik ist für mich unlösbar mit der Zugzeit der Gänse verknüpft; sie erwacht, wenn ich unsere Wildgänse hoch in der Luft vorüberfliegen sehe, und ein Kindheitstraum wird zur Wahrheit, wenn ich nach ihnen rufe und sie wunderbarerweise zu mir herabkommen (132). Auf diesem Bilde veranlaßt Sybille Kalas sie durch rasches Niederhocken, an einer bestimmten Stelle zu landen. Wenn die Gänse hoch in der Luft vorüberfliegen, sehen wir sie etwa so, wie sie im Bild 133 dargestellt sind; sie können aber unser Haus nicht viel anders sehen, als wir es von einem hohen Berge herab tun (134). Wir müssen ihnen also ziemlich klein erscheinen, und wenn sich auch der Ton von Stimmen von den tieferen in die höheren Luftschichten gut fortpflanzt, können sie unsere Rufe doch sicherlich nur recht schwach hören. Der Kontrast zwischen diesen zwei Situationen bringt mir immer wieder zum Bewußtsein, welch Wunder dieses Vertrautsein mit wilden Vögeln doch ist. Eben noch sah man sie in Wolkenhöhe dahinziehen, und gleich darauf hat man sie so nahe und intim vor sich, daß man aus reiner Freude an dieser vertrauten Nähe solche Aufnahmen macht, wie es Sybille in den Abbildungen 135, 136 und spaßeshalber im Bild 137 getan hat.

Wie gefährlich das Leben der Zugvögel wirklich ist, wird einem ständig dadurch zum Bewußtsein gebracht, daß bei den weiten Flügen, wie sie die Gänse nun unternehmen, immer wieder einige Vögel abhanden kommen; man weiß nicht, ob sie sich absichtlich an fremde Scharen angeschlossen oder ob sie sich, was wahrscheinlicher ist, unabsichtlich verirrt haben. Auf alle Fälle sieht man mit einer gewissen Beunruhigung zu, wenn die Schar der Gänse hoch in der Luft in der Ferne verschwindet und ihre Rufe verklingen.

Die Herbstzugzeit bringt nicht nur Verluste, sie bringt oft auch ein erfreuliches Wiedersehen: Wir erwarten, wie schon erzählt, das

133
Hoch im blauen Herbsthimmel ziehen die Gänse vorüber.

134
Vom gegenüberliegenden Kasberg aus können wir unser Institut ungefähr so sehen wie die Gänse, wenn sie vorüberfliegen. In der Mitte des Bildes erkennt man die Alm mit den Kiesbänken, auf denen die Gänse einzufallen pflegen.

135
Kurz bevor sie den Boden berühren, strekken die Gänse die Füße nach vorne und bremsen mit kraftvollen Flügelschlägen.

136
Es ist jedesmal ein Erlebnis, wenn die Gänse hoch am Himmel geflogen kommen, über uns kreisen und dann dicht um uns herum mit brausendem Flügelschlag einfallen.

Zurückkommen jener Gänsepaare, die auswärts gebrütet hatten. Wenn diese im Herbst zu uns ins Almtal zurückkommen, bringen sie ihre Kinder mit, und wir sind gespannt, ob diese Nachkommen sich mit bei uns ansässigen Gänsen verpaaren und bei uns bleiben werden. Abbildung 138 zeigt die Ankunft der in Bayern brütenden Yksi-Familie im Herbst 1976.

Weniger poetisch, aber in gewisser Hinsicht besonders rührend ist die Rückkunft verirrter Gänse per Bahnexpreß. Es kommt im Herbst oft vor, daß jung aufgezogene und zahme Gänse, die sich verirrt haben, bei fremden Menschen Zuflucht suchen und uns dann über die Vogelwarte Radolfzell gemeldet werden. Besonders erheiternd ist der Fall der Brüder Xaver und Valentin, die 1973 von Brigitte Kirchmayer noch am Max-Planck-Institut in Seewiesen aufgezogen worden waren. Sie fanden sich bei netten Leuten in der Nähe von Landshut in Niederbayern ein und wurden uns von diesen gemeldet. Wir schrieben zurück, sie möchten die beiden Ganter, wenn möglich, fangen und per Bahnexpreß an das Institut in Seewiesen schicken, von wo wir sie dann bei Gelegenheit holen wollten. Was wir jenen freundlichen Leuten zu sagen vergaßen, war, daß es nur dann möglich ist, zwei Gänse zu fangen, wenn man es gleichzeitig tut. Eine zahme Gans läßt sich ohne weiteres greifen und wegtragen, die zweite aber ist dann gewarnt und läßt sich ganz sicher nicht mehr fangen. Unsere Freunde bei Landshut erwischten denn auch nur Xaver, sperrten ihn in eine Kiste und sandten ihn nach Starnberg. Valentin war verschwunden, aber noch ehe die Kiste mit Xaver in Starnberg angekommen und dem Seewiesener Institut gemeldet worden war, landete Valentin etwas müde, aber sonst in bester Verfassung, wieder in Oberganslbach. Er hatte also durchaus nicht die Orientierung verloren! Als sein Bruder verschwand, war ihm die Gegend unheimlich geworden, und er beschloß, nach Hause zu fliegen.

Es hat sich für uns als lohnend erwiesen, verflogene Gänse, die von auswärts gemeldet worden waren, nach Hause zu holen, auch wenn dies mit einiger Mühe und mit Kosten verbunden war. Diese Gänse, die draußen ja meist für sie Schreckliches erlebt hatten, erwiesen sich regelmäßig als besonders anhänglich und heimattreu, wenn

137
An schönen Herbsttagen genießen wir die letzten warmen Sonnenstrahlen zusammen mit den Gänsen, die sich hier zur Mittagsruhe dicht um uns geschart haben. Almas Beine geben einen würdigen Rahmen für unser Institut ab.

138
An einem stürmischen Oktobertag landeten plötzlich Yksi und Lacchini mit ihren am Chiemsee erbrüteten Kindern in der Alm. Zögernd und aufmerksam näherten sie sich und begannen erst nach langem Sichern entspannt zu schnattern und von den ausgestreuten Körnern zu fressen.

man sie zurückgeholt hatte – man ist versucht, von Dankbarkeit zu sprechen. Als Sybille wieder einmal eine Kiste mit einem solchen verlorenen Sohn von der Expreßgut-Ausgabe der nächsten Bahnstation abholte und einen Beamten nach der Sendung fragte, tönten ihr laute Distanzrufe und Begrüßungsschnattern entgegen: Die Gans in der Kiste hatte ihre Stimme erkannt.

Unsere auswärts brütenden Gänse fliegen immerhin ein paar hundert Kilometer von ihrem Brutplatz ins Almtal. Unsere standorttreuen Vögel dagegen, genau genommen, nur ein paar Kilometer, denn sie übersiedeln ja nur von Oberganslbach zum Auingerhof. Wie gesagt, tun sie dies manchmal, noch ehe die Gänsepfleger aus ihren Hüttchen ins Stationsgebäude übersiedelt sind, und diese nehmen diesen Vorschlag zum Umziehen mit Freude zur Kenntnis, denn es kann zu dieser Zeit schon recht kalt sein.

Der Herbst nimmt Abschied, der Winter tritt wieder in seine Rechte, im Almtal leider oft früher, als uns lieb ist. Die Gänse, die sich bisher auf den Wiesen um das Stationsgebäude herum aufgehalten haben, verlassen diese, sobald etwas höherer Schnee liegt, stehen nun meistens nahe der Alm auf den Sandbänken und werden hier gefüttert (139, 140). Sie sind ruhig geworden, die Zeit der Zugunruhe ist vorüber, es gibt nicht allzuviel an ihnen zu beobachten. Wir verbringen dennoch möglichst viel Zeit mit ihnen, um ihre Vertrautheit mit uns aufrechtzuerhalten; dabei frieren wir trotz wärmster Kleidung viel mehr als unsere Gänse und bewundern die isolierende Wirkung des luftdurchlässigen, aber wasser- und kälteundurchlässigen Gefieders.

Die Sandbänke in der Alm gewähren keinen genügenden Schutz vor Füchsen, deshalb fliegen unsere Gänse mit Einbruch der Dunkelheit stromaufwärts davon, um auf dem Almsee, der nie ganz zufriert, zu nächtigen. Bei Tagesanbruch kommen sie dann wieder die acht Kilometer talabwärts geflogen, und da sie dabei die Höhe des Abflugortes wahren, kommen sie in ziemlicher Höhe bei uns an und stürzen in brausendem Steilflug vom Himmel. Bei strengem Frost bewegen sie sich nicht viel zu Fuß und stehen auch oft, um die Füße warm zu halten, in dem stets relativ wärmeren Wasser der Alm auf einer ihrer Sandbänke (143).

139
Im Winter hält sich die Schar dicht zusammen, viele Rivalitäten und Feindschaften scheinen vergessen zu sein.

140
Die Gänse bleiben bis in die späte Abenddämmerung an ihrem Futterplatz bei unserem Haus, fliegen dann plötzlich in geschlossener Schar auf und verschwinden im Nebel, dicht über dem Wasser hinstreichend.

141
Als erster Frühjahrsbote blüht das gelb-grüne Milzkraut (Chrysosplenium oppositifolium L.) an Bachrändern und an feuchten Stellen.

142
Das Große Schneeglöckchen (Leucoyum vernum L.) blüht im feuchten Erlenwäldchen nahe der Alm, sobald der Schnee verschwunden ist.

Ich möchte nicht in einem Lande leben, in dem die vier Jahreszeiten nicht klar voneinander unterschieden sind. Gerade wenn ein Mensch, wie wir es tun, ihre Folge in engem Kontakt mit der freien Natur und ihren Lebewesen verbringt, lernt er jede einzelne von ihnen lieben. Wie schön sind doch die kalten klaren Wintertage im Almtal, die Sonne auf den Bergen, die Schatten im Tal und der Dunst über dem Wasser. Welch großartiger Anblick ist es, aus dem noch düsteren und dämmrigen Tal durch eine Lücke in der Nebelschicht hoch oben die Gänse fliegen zu sehen, die schon von den schrägen Strahlen der Morgensonne getroffen werden. Wie dramatisch ist es, wenn die Gänse den Dunst durchbrechen und unter der Nebeldecke erscheinen, um auf einer Sandbank zu landen, deren bereifte Schneedecke unter dem Luftdruck ihrer Schwingen aufstiebt.

Noch herrscht strenger Frost, aber die Tage sind schon etwas länger, die Sonne scheint stärker, und die Gänse werden lebhafter. Der Herbst kommt langsam und schleichend ins Almtal, der Frühling aber oft mit dramatischer Plötzlichkeit. Eines Abends herrscht Föhnwetter (144), der Südwind braust über das Tote Gebirge ins Tal, der Schnee beginnt zu schmelzen, und sowie der Boden stellenweise frei liegt, kommen die ersten Frühlingsblumen, wie das Milzkraut (*Chrysosplenium oppositifolium* L.) (141) und das Große Schneeglöckchen (*Leucoyum vernum* L.) (142). Für die Gänse beginnt wieder die Zeit der Aufregungen, der Liebe und der Eifersucht, und für die menschlichen Beobachter kommt ebenfalls wieder eine aufregende und anstrengende Zeit, man kann jetzt gar nicht genug beobachten und protokollieren. Es kommt aber auch die Zeit der Hoffnung. Jetzt ist ja die Zeit, in der soziale Umschichtungen, Umpaarungen oder sonstige soziologisch interessante Ereignisse zu erwarten sind. Jetzt gilt es für den Forscher früh wach zu sein und dauernd auf dem Posten zu bleiben, denn die allermeisten der für unsere Forschung wichtigen Ereignisse vollziehen sich erfahrungsgemäß im Vorfrühling. Er bringt die Hoffnung auf neue Ergebnisse und nicht zuletzt auch auf viele neue Gänsefamilien.

143
An bitterkalten Wintertagen stehen die Gänse im seichten Wasser, um sich die Füße zu wärmen. Der vom Wasser aufsteigende Dunst kristallisiert an den Uferbäumen zu dickem Rauhreif.

144
Noch liegt Schnee, aber er wird von Tag zu Tag weniger, der Rauhreif ist lange verschwunden. Vom Toten Gebirge her braust warmer Föhnwind durchs Tal.

Nachwort

Wie schon im Vorwort gesagt, habe ich in diesem Buch keineswegs versucht, eine wissenschaftlich zusammenhängende Darstellung vom Leben der Graugans zu geben, das soll einem völlig andersgearteten Werke, einer größeren Monographie, vorbehalten bleiben. Was ich hier geschrieben habe, ist nur eine Erklärung zu den Aufnahmen von Sybille und Klaus Kalas, ja kaum mehr als ein Bericht darüber, wie diese Bilder entstanden sind. Die eigentliche Geschichte, die dieses Buch enthält, wird von den Bildern selbst erzählt. An wen wendet sich diese Erzählung, von wem glauben und hoffen wir, daß er sie in sich aufnimmt und die Botschaft versteht, die in ihr enthalten ist?

Ein allzu großer Teil der zivilisierten Menschheit ist heute der Natur völlig entfremdet. Die meisten Menschen haben in ihrem täglichen Leben nur mit nicht-lebendigen, vom Menschen gemachten Dingen zu tun, sie haben verlernt, lebende Wesen zu verstehen und mit ihnen umzugehen. Eben dies führt dazu, daß die Menschheit als Ganzes so vandalisch mit der lebenden Natur verfährt, in der und von der sie lebt. Es ist eine hohe und wichtige Aufgabe, den verlorenen Kontakt zwischen den Menschen und den anderen Lebewesen auf unserem Planeten wiederherzustellen, denn von ihrem Gelingen hängt es ja letzten Endes auch ab, ob die Menschheit mit allem anderen Leben auf Erden auch sich selbst zugrunde richten wird oder nicht.

Menschen, die den ganzen Tag gearbeitet haben und allgemein unter »Stress« leiden, sind wenig geneigt, jene höchst alarmierenden und unwiderleglich richtigen Bücher zu lesen, deren Autoren ihre warnenden Stimmen erhoben haben: Rachel Carson, Aldous Huxley, das Meadow's-Team, Gruhls »Ein Planet wird geplündert« und viele andere. Bußpredigten will man nicht am Feierabend hören, die Mahnung, Energie zu sparen, weniger Benzin zu verbrauchen und überhaupt weniger Aufwand zu treiben, ist unwillkommen. Leider hat es ja der Mensch seit eh und je als Last empfunden, wenn er aufgefordert wird, das Gute zu tun. Für das Schöne aber ist er auch dann empfänglich, wenn er müde ist. So wie der Pharmazeut bittere Pillen mit Kandiszucker umkleidet, so kann man vielleicht, indem man ihnen Schönes zeigt, auch naturentfremdeten und überarbeiteten Leuten einen Sinn für das Gute einflößen, für die Pflicht, die lebende Natur zu schützen und zu bewahren.

Wir glauben, daß die Graugans ein besonders geeigneter Bote

ist, diesen Appell einem weiten Publikum stadtbewohnender Menschen zu übermitteln. Unter den vielen Tierarten, die uns einigermaßen gut bekannt sind, gibt es nur eine, deren Verhalten den Menschen noch mehr anzusprechen vermag als das der Graugans – und das ist der Hund. Mein Vater, ein sehr großer Hundefreund, zollte den Gänsen höchste Anerkennung, als er sagte: »Nächst dem Hunde ist die Graugans das zum Verkehr mit dem Menschen am besten geeignete Tier.« Das gilt natürlich für andere Wildgänse ebenso, mein Vater kannte eben nur die eine Art. Das Familien- und Gesellschaftsleben der Wildgänse zeigt eine Unzahl von erstaunlichen Analogien mit dem des Menschen. Man glaube ja nicht, daß wir falsch vermenschlichen – »anthropomorphisieren« –, wir haben sehr gründlich und systematisch gelernt, das nicht zu tun. Wir sind aber aus wohlbegründeten erkenntnistheoretischen Erwägungen davon überzeugt, daß höhere Tiere ein subjektives Erleben besitzen und daß sie Freud und Leid nicht sehr viel anders erleben als wir. Wenn ich von einer Reise zurückkomme und meine Hunde ganz außer Rand und Band sind, den Lack von der Wagentüre kratzen, noch ehe ich ausgestiegen bin und mir dann schier die Kleider vom Leibe reißen, so *weiß* ich, daß sie sich über meine Ankunft freuen, gar nicht viel anders, als ich mich über das Wiedersehen mit einem lang entbehrten Freund freue. Ich gehe einen Schritt weiter und behaupte: Jemand, der zwar Hunde kennt, mit Hunden gelebt hat, der aber *nicht* imstande ist, die Freude eines Hundes mitzuempfinden, der ist einfach kein normaler Mensch, und ich möchte beinahe bezweifeln, ob er eines Mitempfindens mit seinen Mitmenschen voll fähig sei.

Vielleicht kann unser Buch durch die Anschaulichkeit seiner Bilder, die ja echte Dokumente sind, dem Leser nahebringen, daß nicht nur der Hund, den ich als Beispiel heranzog, weil er den meisten Menschen bekannt ist, sondern daß auch andere Wesen, die ein hochentwickeltes Familien- und Gesellschaftsleben besitzen, zu Freude und zu tiefer Trauer, zu Liebe und Anhänglichkeit, zu dauernden Bindungen echter Freundschaft befähigt sind. Diese Erkenntnis wird, so hoffen wir, auch dazu beitragen, fühlende Menschen zum Schutz der Natur und ihrer Tiere aufzurufen.

Nichts liegt mir ferner, als Tiere moralisierend zu betrachten und dem Menschen als Beispiel hinzustellen, wie Äsop und La Fontaine es getan haben. Der »Maître Corbeau sur son arbre perché« hat mich immer schon geärgert, schon weil das dumme Luder den Käse fallen läßt, um zu rufen, was ein wirklicher Rabe nie tun würde. Er besitzt einen recht geräumigen Kehlsack unter seiner Zunge, in dem er Gegenstände verwahren kann, wenn er aus irgendeinem Grund den Schnabel öffnen muß; und wenn das Ding zu groß ist, hält er es mit dem Fuß fest. Das alles wußte ich schon ganz genau, als ich mit sechs Jahren das Gedicht auswendig lernen mußte – ich kann es heute noch!

Tiere haben keine verantwortliche Moral. Alles, was sie tun, kommt aus natürlicher Neigung und keineswegs daraus, daß sie mögliche Folgen ihres Verhaltens voraussehen, die ihrer Familie oder ihrer Sozietät schaden können. Ihre natürlichen Neigungen aber sind so beschaffen, daß sie – von äußerst seltenen Ausnahmen abgesehen – regelmäßig genau das tun, was gut ist und was auch eine vorausschauende Verantwortlichkeit ihnen diktieren würde. Sie *brauchen* keine verantwortliche Moral, weil in ihrem natürlichen Lebensraum die natürliche Neigung das *Richtige* rät. Gar nicht so selten tut sie dies aber auch bei uns Menschen! Sehr viele Zivilisationsmenschen sind zum Beispiel durch verantwortliche Erwägungen daran gehindert, ihre Kinder so zu behandeln, wie es ihnen die natürliche Neigung eingeben würde: sie ungehemmt zu herzen und zu küssen, wenn sie lieb und nett sind, und ihnen, wenn sie ekelhaft sind, den wohlverdienten Klaps zu geben, der auch liebenden Eltern in der Hand juckt. Dabei rede ich noch gar nicht von dem verbrecherischen Unsinn der sogenannten anti-autoritären Erziehung. Ein weiterer Aspekt – auch hier rät die verantwortliche Moral uns Zivilisierten das Falsche – ist das Tempo unserer Arbeit. Fleiß ist gewiß eine Tugend, so sicher wie Faulheit ein Laster ist, aber wenn unsere verantwortliche Moral uns mehr Arbeit abfordert, als wir leisten können, ohne unsere Gesundheit zu schädigen, so wird der Fleiß genauso zum verderblichen Laster wie jeder andere Exzeß.

Was die Gänse einem in geradezu La Fontainescher Weise durch ihr Beispiel lehren können, ist, wie man sich entspannt und wie man ruht. Ich habe schon gesagt, daß die Ruhe- und Einschlaflaute junger Gänse das schönste und wirksamste Schlummerliedchen sind, das ich kenne. So leise der Schlaf dieser wilden Vögel ist, so wach auch ihre warnenden Sinne, vor allem ihr feines Gehör, auch im tiefsten Schlafe sind, sie sind dennoch imstande, so völlig relaxiert in Schlaf zu sinken, wie wir Menschen es meist nur als Kinder können. So mögen Bilder, die dies veranschaulichen, das Buch beschließen!

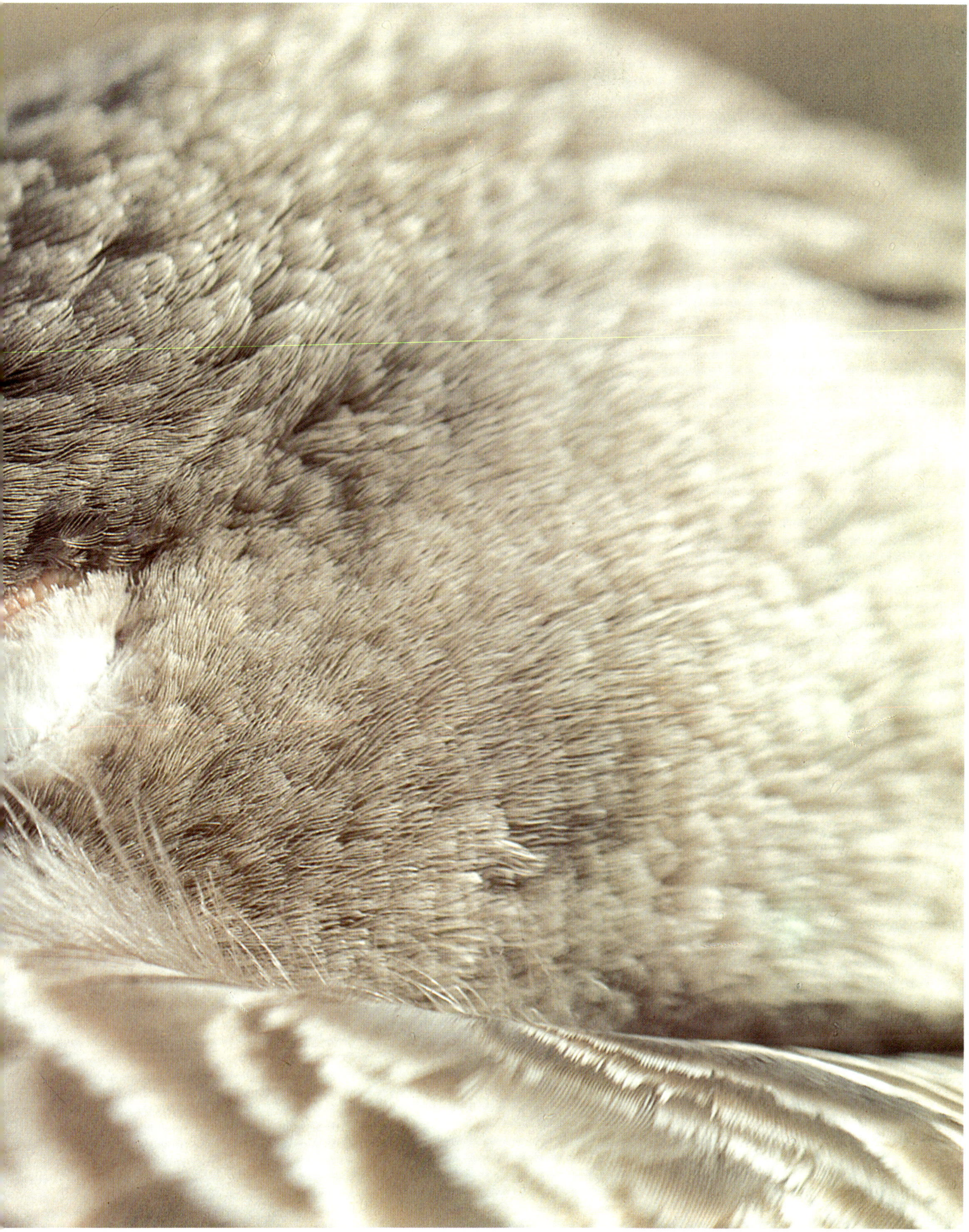

Schutzumschlag, Einband und Layout
von Dieter Vollendorf
Reproduktionen: Krammer, Linz
Papier: PraxiEdelmatt, Hartmann & Mittler, München
Satz und Druck: Appl, Wemding
Bindung: Conzella, München